Peter Mohr

30 Minuten
für erfolgreiches
Verkaufen

Die Deutsche Bibliothek – CIP-Einheitsaufnahme

Ein Titelsatz für diese Publikation ist bei der Deutschen Bibliothek erhältlich.

Redaktion: Christine Mekas, Hamburg
Umschlag und Layout: HDR-Repro, Offenbach
Satz: Jacobs Typographie & Design, Offenbach
Druck und Verarbeitung: Salzland Druck, Staßfurt

© 2002 GABAL Verlag GmbH, Offenbach
www.gabal-verlag.de

2. Auflage 2004

Hinweis:
Das Buch ist sorgfältig erarbeitet worden. Dennoch erfolgen alle Angaben ohne Gewähr. Weder Autor noch Verlag können für eventuelle Nachteile oder Schäden, die aus den im Buch gemachten Hinweisen resultieren, eine Haftung übernehmen.

Printed in Germany

ISBN 3-89749-224-5

In 30 Minuten wissen Sie mehr!

Dieses Buch ist so konzipiert, dass Sie in kurzer Zeit prägnante und fundierte Informationen aufnehmen können. Mit Hilfe eines Leitsystems werden Sie durch das Buch geführt. Es erlaubt Ihnen, innerhalb Ihres persönlichen Zeitkontingents (von 10 bis 30 Minuten) das Wesentliche zu erfassen.

Kurze Lesezeit
In 30 Minuten können Sie das ganze Buch lesen. Wenn Sie weniger Zeit haben, lesen Sie gezielt nur die Stellen, die für Sie wichtige Informationen beinhalten.

- Alle wichtigen Informationen sind blau gedruckt.

- Schlüsselfragen mit Seitenverweisen zu Beginn eines jeden Kapitels erlauben eine schnelle Orientierung: Sie blättern direkt auf die Seite, die Ihre Wissenslücke schließt.

- *Zahlreiche Zusammenfassungen innerhalb der Kapitel erlauben das schnelle Querlesen. Sie sind blau gedruckt und zusätzlich durch ein Uhrsymbol gekennzeichnet, so dass sie leicht zu finden sind.*

- Ein Register erleichtert das Nachschlagen.

Inhalt

Vorwort

Dieses Buch berät Sie in Ihrer täglichen Verkaufspraxis und unterstützt Sie dabei, ein erfolgreicher Verkäufer zu sein. Möchten Sie nicht auch Ihre Produkte und Dienstleistungen überzeugend darstellen und verkaufen können? Dann halten Sie hiermit ein Instrument dafür in Ihren Händen.

Märkte und Produkte verändern sich

Produkte werden sich heute immer ähnlicher und die Märkte werden – dank der Informationstechnologie – immer transparenter. Eine hohe Qualität wird vorausgesetzt und auch hervorragende Produkte verkaufen sich nicht von selbst. Durch diese schnell voranschreitende Entwicklung werden die Märkte enger und sind stärker umkämpft.

Das Verkaufen ändert sich

Wie sich die Märkte verändern, so verändert sich auch das Aufgabenfeld des Verkäufers. Die Zeiten des Druck-Verkaufs sind glücklicherweise vorbei. Heute ist das Ziel des Verkaufens, beim Kunden einen Kauf-Sog zu schaffen, durch den er darauf brennt, das vorgestellte Produkt zu kaufen. Die Abkehr von der kurzfristigen Provisionsjagd findet nicht nur aus ethisch-moralischen Gründen statt, sondern man hat erkannt, dass diese Art des Verkaufens auf dem Markt nicht mehr konkurrenz- und überlebensfähig ist. Verkaufen heißt heute vor allem, anderen Menschen bei der Lösung ihrer Probleme zu helfen.

Verkaufskompetenz entwickeln

Damit Sie nicht genauso austauschbar werden wie die heutigen Produkte, müssen Sie Ihren Produkten im Verkaufsgespräch „Leben einhauchen" und Ihren Kunden Partner und Helfer sein. Das bedeutet, Ihre Produkte kundenorientiert und attraktiv zu präsentieren, auf der Basis eines guten Kundenbeziehungs-Managements. Hierfür ist außerdem eine genaue Analyse der Bedürfnisse Ihrer Kunden notwendig. Dann können Sie auch ohne Schwierigkeiten auf Einwände im Verkaufsgespräch eingehen und selbstbewusst zu Ihrem Preis stehen – letztendlich zu einem erfolgreichen Abschluss bei einem zufriedenen Kunden kommen.

Mit dem Know-how in diesem Buch können Sie durch sofort umsetzbare Tipps die notwendigen Kompetenzen für das Verkaufen entwickeln, verfeinern und optimieren. Das Streben nach kontinuierlicher Verbesserung wird sich für Sie und Ihre Kunden lohnen.

Peter Mohr
Diplom-Pädagoge und
Fachtrainer für Präsentation und Verkauf
www.instatik.de

1. Die Kundenbeziehung managen

Ist Ihnen bewusst, warum Ihre Produkte eigentlich unwichtig sind?   *Seite 10*

Kennen Sie Methoden, mit denen Sie sich beim Kunden gut verkaufen können?   *Seite 14*

Wissen Sie, wie Sie eine gute Beziehung zum Kunden aufbauen können?   *Seite 18*

Viele Verkäufer treten so auf, als wären Sie ein Anhängsel ihres Produkts. Sie überfallen den Kunden mit einem Schwall an Informationen und Daten über ihr angepriesenes Produkt. Dadurch tritt dieses in den Mittelpunkt der Kommunikation mit dem Kunden. Der Verkäufer wird damit zu einem unwichtigen Statisten. So sollte es nicht sein.

Verkaufen heißt vor allem, gute Beziehungen zum Kunden aufzubauen und diese zu managen. Gerade in Zeiten, in denen sich die Produkte immer ähnlicher werden, ist die Beziehung zwischen Kunden und Verkäufer immer ausschlaggebender für den Erfolg des Verkäufers.

1.1 Partner des Kunden sein

Wir alle kennen das Bild vom „klinkenputzenden" und „aalglatten" Verkäufer, der mit allerlei Tricks den Kunden an die Wand redet und ihm mit viel Überredungskunst eine Unterschrift entlockt. Diese Zeiten sind vorbei. Wo früher vielleicht der schnelle Gewinn und die kurzfristige Provisionsjagd im Mittelpunkt standen, geht es heute darum, den Kunden dauerhaft an sich zu binden.

Kundenbindung

Die Gewinnung eines neuen Kunden ist im Durchschnitt fünfmal teurer als die Bindung alter Kunden. Daher ist der zufriedene Kunde, der immer wieder kommt, aus betriebswirtschaftlichen Gründen viel sinnvoller und ökonomischer für den Verkäufer als der

Kunde, der einmal zum Kauf „gedrückt" wird und dann nie wieder kommt. Sie sollten Ihre Kunden an sich binden, denn der Kunde ist die wichtigste Person in einem Unternehmen – gewissermaßen der eigentliche Arbeitgeber für Sie als Verkäufer.

Ziel des Kundenbindens ist es, dass zwischen dem Verkäufer und dem Kunden eine tragfähige Beziehung aufgebaut und immer wieder erneuert und bestärkt wird. Die Grundlage des Kundenbindens besteht darin, dass jeder Verkauf eine Win-Win-Situation darstellen soll. Das heißt, dass nicht nur – wie früher oft üblich – der Verkauf dem Verkäufer nützt, sondern auch dem Kunden. Verkäufer und Kunde profitieren gegenseitig voneinander in einer symbiosehaften Beziehung. Der Verkäufer liefert dem Kunden genau das Produkt, das er braucht, und der Kunde honoriert dies durch den gezahlten Preis.

Der Verkäufer übernimmt hierbei die Rolle eines partnerschaftlichen Helfers des Kunden. Dadurch rückt die Beziehung zwischen Verkäufer und Kunde in den Mittelpunkt. Der Verkäufer wird immer wichtiger und das zu verkaufende Produkt dabei fast zur Nebensache. Der Verkäufer wird so zum Beziehungsmanager.

Kunde als Partner

Wenn der Verkäufer zum Beziehungsmanager wird, wird der Kunde automatisch zum Partner. Dann ist auch der Begriff „König Kunde" irreleitend. Denn einem König ist man nicht Partner, sondern Untertan. Und als Untertan arbeitet man eben nur so viel wie nötig. Vor allem arbeitet man nur, weil man muss, und nicht, weil man es gern macht.

Dagegen ist man für einen freundschaftlichen Partner gern tätig und setzt sich auch zusätzlich ein, weil beide Seiten davon profitieren. Werden Sie zum freundschaftlichen und gleichberechtigten Partner Ihres Kunden. Schauen Sie nicht auf ihn herab, aber auch nicht empor. Denn partnerschaftliche Kundenorientierung hat immer zwei Gegenteile: die Arroganz und die Unterwürfigkeit.

Kundenprobleme lösen

Der Verkäufer sollte für den Kunden einen zuverlässigen Partner darstellen, der ihm mit entsprechenden Produkten alle Wünsche erfüllen und alle seine Probleme lösen kann. Dann wird der Verkäufer zu einem Problemlösungsexperten für den Kunden.

Ein Verkäufer von PC-Druckern kann so für den Kunden zu einem Partner für gutes Drucken werden. Der Kunde wird sich bei Wünschen, Fragen und Problemen zum Thema Drucken dann vertrauensvoll an diesen Partner wenden.

Ziel sollte es für Sie als Verkäufer sein, dass Sie als Problemlösungspartner so wertvoll für Ihren Kunden werden, dass Ihr Produkt und Ihre Firma für den Kunden regelrecht zur Nebensache werden. Dadurch wird das Produkt selbst prinzipiell austauschbar. Sie selbst sind dann Ihr Produkt. Auch wenn Sie als Verkäufer Ihr Produkt oder Ihre Firma wechseln, Ihr Kunde wird dann mit Ihnen zusammen wechseln.

Der Verkäufer als dauerhafter Partner

Ein Japanisches Sprichwort sagt: „Verkaufen beginnt dann, wenn der Kunde die Rechnung bezahlt hat."

Dies bedeutet, dass Ihre Rolle als Partner des Kunden nicht mit dessen Unterschrift beendet ist. Dieses Prinzip wird auch After-Sales-Management genannt: Wenn Sie Problemlösungspartner für Ihren Kunden sein wollen, dann müssen Sie auch nach dem Verkauf für ihn da sein.

Zeigen Sie Ihrem Kunden, dass Sie weiter für ihn Ansprechpartner sind. Melden Sie sich einige Zeit nach dem Kauf bei ihm und fragen Sie nach seiner Zufriedenheit mit dem Produkt. Dadurch merkt der Kunde, dass sie nicht nur an Ihrer Provision, sondern auch an seiner Zufriedenheit interessiert sind. Außerdem können Sie durch diese After-Sales-Kontakte auch erste Bedenken und Fragen des Kunden zerstreuen und lösen. Sollte tatsächlich ein Produkt einen Grund zur Reklamation aufweisen, stellt dieser After-Sales-Kontakt auch schon den ersten Schritt einer Reklamationsbearbeitung dar. Hierbei allerdings auf einem wesentlich entspannteren Niveau, als wenn der Kunde nach dem Kauf nichts mehr von Ihnen gehört hat und dann tief enttäuscht mit dem Produkt zurückkommt.

Kontakt halten
Pflegen Sie Ihre Beziehung zum Kunden auch immer wieder zwischendurch und unabhängig von vorherigen oder anstehenden Käufen. Besuchen Sie Ihren Kunden auch einmal, ohne dass Sie ihm ein Produkt vorstellen möchten. Zeigen Sie ihm dadurch, dass er Ihnen nicht nur als Kunde, sondern auch als Mensch wichtig ist. Kleine Gefälligkeiten und Aufmerksamkeiten, die mit dem eigentlichen Verkaufen nichts zu tun haben, können den gleichen Zweck erfüllen. So könnten Sie

zum Beispiel einem Kunden, der gern segelt, ein Fax mit einem interessanten Artikel über Segeln zusenden, den Sie gerade in der Zeitung gefunden haben.

Versuchen Sie, Ihre Kunden langfristig an sich zu binden, damit diese immer wieder gern bei Ihnen kaufen. Dafür müssen Sie gegenüber Ihrem Kunden immer wieder als ein dauerhafter Partner und zuverlässiger Problemlösungsexperte auftreten.
In dieser Win-Win-Symbiose profitieren der Kunde und auch der Verkäufer als Partner gegenseitig voneinander.

1.2   Verkaufen Sie sich und Ihr Produkt

Der Verkäufer ist primär ein Beziehungsmanager. Dieses Managen der Beziehung beginnt ab dem Moment, in dem sich Kunde und Verkäufer das erste Mal gegenüberstehen. Auf dem Weg zum Verkaufs-abschluss müssen Sie zuerst sich selbst und danach Ihr Produkt dem Kunden verkaufen.

Erster Eindruck
Die erste Phase in einem Verkaufsprozess ist die Eröff-nung des Verkaufsgesprächs. Diese Phase sollte auch gleich zu einer Phase der Vertrauensgewinnung werden. Der Kunde muss Vertrauen in Sie als Mensch und Verkäufer und in Ihre Firma als kompetente Ansprech-partnerin bekommen. Die Kaufentscheidung des Kunden hängt zu 75 Prozent vom ersten Eindruck über den Verkäufer ab. Dieser erste Eindruck wird meist in den ersten 10 Sekunden des Kontaktes festgelegt, und

kann später nur äußerst schwer wieder revidiert werden. Sie bekommen als Verkäufer nie eine zweite Chance, einen guten ersten Eindruck zu machen. Sperren und Blockaden, die innerhalb dieses ersten Eindrucks aufgebaut werden, behindern den gesamten weiteren Verkaufsprozess. Daher entscheidet dieser erste Eindruck zu einem Großteil über Erfolg oder Misserfolg des gesamten Verkaufsgesprächs.

Äußere Erscheinung

Vor allem Ihre Kleidung bestimmt den ersten Eindruck, den der Kunde von Ihnen bekommt. Denn noch bevor Sie ihn mit Worten, Stimme oder Körpersprache positiv beeindrucken können, hat Ihr Kunde genügend Zeit, Sie aufgrund Ihrer Kleidung einzuschätzen und einzuordnen.

Achten Sie daher besonders auf die Wirkung Ihrer Kleidung: Sie sollten in einem ähnlichen Stil wie Ihr Kunde gekleidet sein. So zeigen Sie ihm, dass Sie ähnlich fühlen, denken und handeln wie er. Er erkennt dadurch, dass Sie der richtige Mann für seine Belange sind. Wenn der Kunde also im Anzug mit gedeckten Farben auftritt, dann kleiden auch Sie sich in einer ähnlich konservativen Art.

Sie sollten mit Ihrer Kleidung jedoch keinesfalls anbiedernd auf den Kunden wirken. Wenn also Ihr Kunde ein Handwerksmeister ist, dann ziehen Sie bitte keinen „Blaumann" an, bevor sie diesen in seiner Werkstatt aufsuchen. Sie sollten allerdings zum Beispiel das Sakko vorher ausziehen und mit Hemd und Krawatte auftreten, um eine gewisse pragmatische „Hemdsärmeligkeit" auszustrahlen.

Begrüßung

Begrüßen Sie Ihren Kunden mit seinem Namen. Nennen Sie hierbei seinen Namen vor der Begrüßungsformel. Also sagen Sie: „*Herr Müller, Guten Morgen...*" statt „*Guten Morgen, Herr Müller...*".

Sie werten so seine Person auf. Ihren eigenen Namen sollten Sie immer zusammen mit Ihrem Vornamen nennen. Dies wirkt persönlicher. Andererseits wird Ihr eigener Name und somit auch Ihre Person aufgewertet. Von wichtigen Personen kennt man immer auch den Vornamen.

Zudem kann sich Ihr Kunde Ihren vollständigen Namen besser merken als Ihren bloßen Nachnamen, denn Vor- und Nachname ergeben beim Aussprechen eine kurze und prägnante Melodie, die man im Gehirn leicht abspeichern kann und schwer wieder vergisst.

Direkt nach Ihrem Namen sollten Sie auch Ihre Firma nennen. Beide stehen dann dem Kunden wie ein kompetentes Team gegenüber. Nennen Sie aber nicht nur den Namen Ihrer Firma, sondern setzen Sie hinzu, was Ihre Firma ganz besonders auszeichnet. Dadurch sticht diese - und somit auch Sie - aus dem oft unübersichtlichen Brei der Mitbewerber hervor.

Also nicht so:

„*Ich heiße Meier und bin von der Firma Huber-Secur.*"

Sondern so:

„*Ich heiße Ralf Meier und bin von der Firma Huber-Secur, dem Spezialisten für drahtlose Alarmanlagen.*"

Körpersprache

Bei der Begrüßung des Kunden gibt es einen körpersprachlichen Trick, um bei ihm ein Sympathiefeld aufzubauen. Dieser Trick basiert auf archaischen Körperzeichen, die beim Empfänger eine bestimmte Wirkung hervorrufen, ohne dass sich der Empfänger dessen bewusst würde.

Halten Sie Ihren Kopf leicht schräg und gehen Sie mit offenen Händen lächelnd auf den Kunden zu.

Der schräge Kopf ist in der Evolution des Menschen ein Zeichen für: *„Ich-tue-dir-nichts-und-bin-keine-Gefahr-für-Dich“*. Man kann dies auch bei kämpfenden Wölfen beobachten. Der unterlegene Wolf hält dem Sieger seinen Kopf schräg hin und bietet ihm damit die Halsschlagader zum Biss an. Er demonstriert, dass er aufgibt und nicht (mehr) kämpfen wird.

Die offenen Hände demonstrieren, dass man keine Waffe bei sich trägt und das man dem anderen gegenüber freundlich gesonnen ist. Diese Geste ist vor allem aus der Indianerkultur bekannt. Das Lächeln weckt Sympathie beim Empfänger. Dieser Reaktion kann man sich kaum entziehen.

Schütteln Sie die Hand des Kunden weder zu fest noch zu weich. Sie sollten mit Ihrem Händedruck Selbstbewusstsein und Entschlossenheit ausdrücken. Achten Sie darauf, dass Ihre Hände trocken sind.

Distanzzonen und Barrikaden

Jeder Mensch besitzt vier Distanzzonen. In die Intimzone von 0 bis 60 cm Abstand dürfen nur die Intimpartner und Kinder eintreten. Diese Zone liegt innerhalb einer Armlänge, man spürt die Wärme des anderen und kann dessen Flüstern hören. Die persönliche Zone befindet sich zwischen 60 und 120 cm und ist Freunden vorbehalten. Die sogenannte gesellschaftliche Zone zwischen 120 und 400 cm ist den restlichen Face-To-Face-Kontakten vorbehalten. Über 400 cm Abstand hat man kaum noch direkte Face-To-Face-Kontakte.

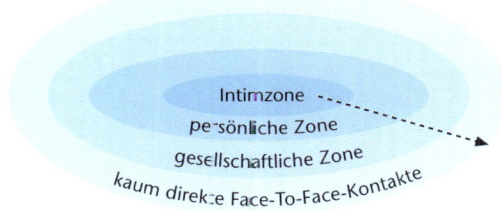

Modell der vier Distanzzonen des Menschen

Als Verkäufer müssen Sie fast immer in der gesellschaftlichen Zone bleiben. Sie dürfen daher diese 120-cm-Distanz keinesfalls plump unterschreiten. Dies wirkt sonst wie ein „Auf-die-Pelle-rücken", im räumlichen wie auch im übertragenen Sinne.

Um dieses „Revier" des Kunden nicht zu verletzen, sollten Sie sich in seinem Büro auch erst dann setzen, wenn er Sie dazu auffordert. Genauso breiten Sie Ihre Unterlagen erst dann auf seinem Tisch aus, nachdem Sie ihn um Erlaubnis gefragt haben.

Der Tisch selbst sollte keine Barrikade zwischen Ihnen und Ihrem Kunden aufbauen. Setzen Sie sich daher nicht gegenüber Ihrem Kunden hin, sondern – falls möglich – über Eck. Dadurch strahlen Sie allein schon aufgrund des Sitzens eine partnerschaftlich orientierte Einstellung zum Kunden aus. Außerdem können Sie Ihrem Kunden „über Eck" auch besser Ihr Produkt und Ihre Unterlagen präsentieren.

Blickkontakt und Gestik

Achten Sie darauf, dass sich Ihre Hände immer oberhalb der Tischkante befinden. Dadurch zeigen Sie, dass Sie mit offenen Karten spielen. Ihre Hände sollten auch immer offen sein, um die Offenheit gegenüber dem Kunden zu symbolisieren. Versuchen Sie zudem, Blickkontakt zum Kunden zu halten statt mit den Augen an Ihrem Produkt zu kleben oder in Ihren Unterlagen zu versinken. Die Augen sind die Fenster zur Seele. Nutzen Sie diese Fenster, um Ihren Kunden überzeugen zu können. Sitzen Sie außerdem aufrecht. Ihre Füße sollten Sie nicht verkrampfen oder um die Stuhlbeine schlingen, sonst wirken Sie verspannt und verbissen und dadurch auch weniger offen auf den Kunden.

 Vor allem für den ersten Eindruck müssen Sie sich selbst positiv gegenüber dem Kunden verkaufen. Kleiden Sie sich ähnlich wie Ihr Kunde, strahlen Sie körpersprachlich Offenheit aus und schauen Sie dem Kunden in die Augen. Halten Sie die Distanzzone von 120 cm ein. Versuchen Sie auch die Barrikadenwirkung von Tischen zu vermeiden, indem Sie sich über Eck setzen.

1.3 Mit Smalltalk zum Big Business

Es gibt eine hervorragende Methode, um eine gute Beziehung zum Kunden aufzubauen und zu managen, bevor es „ans Eingemachte" geht: den Smalltalk. Damit zeigen Sie dem Kunden, dass Sie auch an seiner Person interessiert sind.

Das Verkaufsgespräch wird zu einer normalen Interaktion von Mensch zu Mensch und verliert dadurch seinen potenziellen Konfrontationscharakter.

Smalltalk

Bevor Sie zur Sache – das heißt zum eigentlichen Verkaufsgespräch – kommen, ist es sinnvoll über etwas zu sprechen, was mit dem Kauf des Produktes noch nichts zu tun hat. Sprechen Sie am besten über etwas Persönliches, das nichts mit dem Beruf des Kunden zu tun hat. Sie demonstrieren dadurch Interesse an seiner Person. Dieses sollte aber nicht gespielt sein. Wählen Sie daher ein Gesprächsthema, welches Sie tatsächlich interessiert. Am besten sind gemeinsame Themen.

Wenn Sie z. B. anhand von Fotos im Büro des Kunden sehen, dass Ihr Kunde – genauso wie Sie – gern segelt, sprechen Sie dies doch einfach an. Dann können Sie Ihre Erfahrungen und Eindrücke austauschen. So wird ein tragfähiges Fundament für Ihr Beziehungsmanagement und damit für den Verkauf gelegt.

Lieblingsthemen des Kunden

Reden Sie nicht zu stark auf den Kunden ein, sondern lassen Sie ihn überwiegend erzählen. Die folgende Faustformel ist eine gute Hilfe: zwei Drittel der Redezeit sollte der Kunde beanspruchen und ein Drittel Sie. Geben Sie dem Kunden während seiner Ausführungen auch ein ernstgemeintes Kompliment. Anlässe hierzu gibt es meist genügend.

Durch diesen Smalltalk bauen Sie gewissermaßen ein emotionales Sprungbrett zum Herz des Kunden, konstruieren eine tragfähige Brücke von Bauch zu Bauch.

Um ein Thema zum Anknüpfen zu haben, sollten Sie mit offenen Augen und Ohren durch das Büro oder die Wohnung (das heißt durch das „Revier") des Kunden gehen. Meist wird Ihnen nach wenigen Sekunden etwas Besonderes auffallen, über das der Kunde auch gern mit einem gewissen Stolz spricht. Diese „Schokoladenseiten" des Kunden brauchen Sie nur anzusprechen und schon sind Sie mitten im Smalltalk. Meistens sind das dessen Hobbies, Freizeitinteressen oder auch exotische Urlaubsreisen.

Sie können sich auch eine Kartei anlegen, auf der Sie für Ihre einzelnen Kunden jeweils die geeigneten Smalltalk-Themen notieren. Dann wird Ihnen beim nächsten Kundenbesuch der Einstieg mit dem Smalltalk besonders gut gelingen.

Gute Stimmung machen

Grundprinzip des Smalltalks ist es, dass man anhand von mehr oder weniger belanglosen Themen eine möglichst gute Beziehung aufbaut. Diese Beziehung bildet dann die Grundstimmung für das eigentliche Verkaufsgespräch, bei dem es dann „zur Sache geht". Denn wenn der Kunde Sie als sympathisch und glaubwürdig empfindet, so ist die Wahrscheinlichkeit höher, dass ihm auch das von Ihnen vorgestellte Produkt gefällt.

Sie können ebenso mit Ihrem Kunden über ihre bisherigen gemeinsamen und beiderseits erfolgreichen Geschäfte sprechen. Auch so kann man – statt sofort zur Sache zu kommen – erst einmal eine gute Stimmung und eine gute Beziehung zwischen sich und dem Kunden aufbauen. Ein geschickt geführter Smalltalk wirkt wie ein Ice-Breaker für die weiteren Schritte des Verkaufsgesprächs.

Ihr Verkaufserfolg hängt von einer guten Beziehung zum Kunden ab. Diese Beziehung können Sie folgendermaßen verkaufsfördernd managen:

- *Begleiten Sie Ihren Kunden dauerhaft als zuverlässiger Partner und Experte für Problemlösungen. Dann profitieren Ihr Kunde und Sie gegenseitig voneinander.*
- *Verkaufen Sie nicht nur Ihre Produkte, sondern auch sich selbst gegenüber dem Kunden. Achten Sie hierbei vor allem beim ersten Kontakt auf eine vertrauenserweckende Kleidung und eine offene Körpersprache.*
- *Entwickeln Sie mit Smalltalk eine persönliche Beziehung zum Kunden, die erst einmal frei vom Verkaufsthema bleibt. Sprechen Sie über Dinge, die Sie mit dem Kunden gemeinsam haben oder über die Lieblingsthemen des Kunden.*

2. Die Kundenbedürfnisse analysieren

Ist Ihnen bewusst, dass Ihnen der Kunde seine Bedürfnisse oft unvollständig nennt? **Seite 23**

Weshalb sollten Sie auch zwischen den Zeilen der Kundenäußerungen lesen? **Seite 25**

Kennen Sie die Kniffe, mit denen Sie die Bedürfnisse Ihres Kunden analysieren können? **Seite 29**

Bevor Sie die Bedürfnisse Ihres Kunden erfüllen können, müssen Sie diese natürlich vorher erkannt haben. Dieser Prozess ist ähnlich wie in der Medizin: Genauso wie ein Arzt vor jeder Behandlung eine Diagnose vornimmt, müssen Sie vor der Präsentation Ihrer Produkte die Bedürfnisse Ihres Kunden analysieren. Mit der Qualität dieser Analyse steht und fällt daher auch Ihr Erfolg als Verkäufer.

2.1 Kundenbedürfnisse herausfinden

Die Bedürfnisse Ihres Kunden sind meist vielschichtig und in Ihrer Komplexität auch nicht auf den ersten Blick erkennbar. Ihre Aufgabe als Verkäufer ist es, die Bedürfnisse Ihres Kunden in Ihrer Gesamtheit zu erkennen und zu analysieren.

Ausführliche Diagnose
Durch die Analyse der Bedürfnisse und Kaufmotive des Kunden gewinnen Sie Informationen darüber, welches Produkt Sie Ihrem Kunden später auf welche Art und Weise und mit welcher Argumentation präsentieren können. Diese erste Analysephase wird von vielen Verkäufern oft vernachlässigt oder gar vergessen. Stattdessen nehmen viele Verkäufer bei allen Kunden stereotyp ihre Produktpräsentationen vor, ohne sich vorher mit den Wünschen und Bedürfnissen der Kunden auseinandergesetzt zu haben. Dies ist einer der größten Fehler des Verkäufers. Denn wenn Sie in der Analysephase keine sinnvollen Informationen recherchieren, fehlt Ihnen die Basis für eine kunden-

orientierte Präsentation Ihrer Produkte. Dadurch geht Ihre Präsentation sicherlich an der Individualität des Kunden vorbei ins Leere – und zwar ohne den Kunden zu überzeugen. Scheuen Sie daher weder Zeit noch Mühe für eine umfassende Analyse der individuellen Kundenbedürfnisse.

Rationale und basale Kundenbedürfnisse

Die Struktur der menschlichen Bedürfnisse und Motive kann man vergleichen mit einem Eisberg, von dem bekanntlich nur das oberste Siebtel aus dem Wasser ragt. Nur die Spitze des Eisbergs (1/7) ist sichtbar. Die eigentliche Basis des Eisbergs (6/7) treibt unsichtbar unter der Wasseroberfläche.

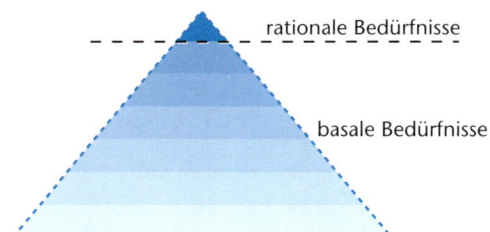

Modell der zwei Bedürfnisbereiche des Menschen

Der Mensch – und somit auch jeder Ihrer Kunden – besitzt zwei Bedürfnisbereiche:
- Die sogenannten „rationalen" Bedürfnisse und Motive sind vom Verstand, der Logik und der Vernunft geprägt und geformt (die kleine Eisbergspitze).
- Die „basalen" Bedürfnisse und Motive sind von den grundlegenden Trieben und Ängsten des Menschen geformt (die größere Basis des Eisbergs).

Ein kurzes Beispiel kann dies verdeutlichen: Wenn ihr Kunde sich für ein Auto einer Nobelmarke interessiert, kann dies der Kunde sich, dem Verkäufer und seiner Umwelt gegenüber einerseits damit begründen, dass er bei einem Wiederverkauf der Nobelmarke einen besonders guten Wiederverkaufswert erzielen wird.

Dies wäre ein rationales Motiv aus dem Bereich der Eisbergspitze. Andererseits spielt beim Kunden vielleicht insgeheim auch der Wunsch eine Rolle, ein „protziges" Auto zu besitzen, mit dem er viel Bewunderung bei seinen Kollegen und Nachbarn ernten kann. Zudem hofft der Kunde vielleicht auch darauf, mithilfe der dynamischen Nobelmarke mehr Sexappeal und mehr Glück bei Frauen zu haben. Dies wäre dann ein basales Motiv aus dem Bereich der Eisbergbasis.

Der Kunde nennt oft nur rationale Bedürfnisse

Meist nennt der Kunde gegenüber dem Verkäufer nur die rationalen Kaufmotive. Das heißt beispielsweise, dass der Wiederverkaufswert des Autos als wichtigstes Kriterium für einen möglichen Kaufentschluss genannt wird. Die vielleicht viel wichtigeren basalen Motive für einen Autokauf, wie beispielsweise der Wunsch nach sexueller Attraktivität werden meist nicht genannt.

Es kann zwei Gründe haben, weshalb Ihnen Ihr Kunde nur rationale Kaufbedürfnisse nennt:

- Einerseits möchte der Kunde dem Verkäufer seine basalen Motive aus falscher Scham oder empfundener Peinlichkeit nicht nennen.
- Andererseits ist sich der Kunde seiner wahren, basalen Motive kaum oder gar nicht bewusst. Dies kommt sehr häufig vor.

Und selbst nach dem Kauf rechtfertigt der Kunde gegenüber sich selbst und seiner Umwelt seine Kaufentscheidung oft weiterhin mit rationalen Kaufmotiven.

Je besser und je umfassender Sie die Bedürfnisse Ihres Kunden analysieren, desto besser können Sie entscheiden, welches Produkt Sie später dem Kunden wie und mit welcher Argumentation präsentieren.
Ihr Kunde hat nicht nur jene Bedürfnisse, die er Ihnen direkt nennt, sondern auch sogenannte basale Bedürfnisse, die von seinen elementaren Ängsten und Trieben gesteuert sind.

2.2   Basale Bedürfnisse erkennen

Gerade die basalen Kaufmotive sind sehr wichtig für die Kaufentscheidung Ihres Kunden. Daher wäre es ein Fehler, nur auf die rationalen Bedürfnisse des Kunden zu achten. Versuchen Sie daher, auch gerade die basalen Bedürfnisse Ihres Kunden herauszufinden.

Basale Bedürfnisse sind oft wichtig
Meist wird Ihnen Ihr Kunde zwar seine rationalen Kaufmotive nennen, die basalen Motive nennt er aber nur selten. Entweder möchte er dies nicht oder er ist sich dieser basalen Bedürfnisse selbst nicht ganz bewusst.
Für Sie als Verkäufer ist es wichtig, dass Sie nicht nur die rationalen Bedürfnisse Ihres Kunden analysieren und berücksichtigen. Denn die basalen Bedürfnisse wirken meist viel umfassender und intensiver auf die Kaufentscheidung des Kunden ein als dessen rationale Kauf-

bedürfnisse – auch wenn der Kunde dies nicht so zeigt oder sich dessen oft gar nicht bewusst ist. Auf den ersten Blick zeigt sich – wie bei einem Eisberg – zwar nur die oberste Spitze der rationalen Bedürfnisse. Aber die eigentlich treibende Kraft liegt unter der Oberfläche.

Seien Sie sich der subtilen Kraft der basalen Bedürfnisse bewusst und versuchen Sie diese – soweit möglich – zu ergründen. Denn wenn Sie Ihrem Kunden später präsentieren, wie Ihr Produkt diese Bedürfnisse erfüllen kann, dann wird Ihr Kunde dieses Produkt auch kaufen.

Zwischen den Zeilen lesen

Es ist möglich, auch die basalen Bedürfnisse Ihres Kunden zu erkennen, indem Sie versuchen, detektivisch zwischen den Zeilen seiner Äußerungen zu lesen. Achten Sie auf alle Äußerungen Ihres Kunden. Auch - oder gerade dann – wenn diese nebenbei gemacht werden, können diese auf das wesentliche, zugrunde liegende Kaufmotiv schließen lassen.

Ihr Kunde hebt beispielweise hervor:

„Ich möchte ein Auto, welches sehr solide verarbeitet ist und sehr wenig Sprit benötigt. Der Rest ist mir egal."

Als er sich aber dann 20 Minuten später in ein Auto setzt, sagt er ganz nebenbei:

„Diese Ledersitze und das Holzlenkrad machen aber ganz schön was her."

Dies könnte ein Hinweis darauf sein, dass zumindest doch auch das Geltungsstreben ein nicht völlig unwichtiges Kaufmotiv für ihn ist. Und diesem Wunsch nach Geltung gilt es dann bei der Präsentation des Produkts subtil entgegen zu kommen und ihn als erfüllbar in Aussicht zu stellen.

Auftreten des Kunden

Sie können aber nicht nur in den Worten Ihres Kunden zwischen den Zeilen lesen, sondern beispielsweise auch in seinem Auftreten oder seiner Kleidung: Ein 25 Jahre alter Kunde, der braungebrannt, topmodisch gekleidet und mit Sonnenbrille in den blondierten Haaren auftritt, wird mit hoher Wahrscheinlichkeit andere Kaufmotive für eine Urlaubsreise haben als ein Sechzigjähriger mit Lodenmantel und Rauhaardackel. Während der Erste möglicherweise eher an Spaß in jeder Form interessiert sein wird, wird der Zweite wahrscheinlich mehr an gediegener Gemütlichkeit seine Freude finden. Diese Interessen können Sie dann durch eine maßgeschneiderte Präsentation des Produkts berücksichtigen.

Umfeld des Kunden

Auch die Einrichtung der Wohnung oder des Büros Ihres Kunden ist für Sie als Verkäufer interessant.

Wenn beispielsweise in der Wohnung Ihres Kunden überall Bilder hängen, die ihn bei Unternehmungen wie Paragliding, Bungeejumping und Cocktailtrinken in der Karibik zeigen, wird dieser wahrscheinlich folgende Kaufmotive für ein Auto als Prestigeobjekt haben: Spaß haben und Abenteuer erleben, Bewunderung und gute Gefühle erzeugen.

Dagegen hat ein passionierter Briefmarkensammler, der sich zu Hause zwischen Kuckucksuhr, gefliestem Wohnzimmertisch und Eiche-Rustikal-Schrankwand verschanzt, wahrscheinlich eher das Bedürfnis mit seinem Auto als Gebrauchsgegenstand nicht aufzufallen, sparsam und lange fahren zu können.

Je nach Bedürfnis können Sie dann entscheiden, welches Produkt Sie wie und mit welcher Argumentation präsentieren möchten.

Die basalen Bedürfnisse des Kunden sind besonders wichtig für seine Kaufentscheidung. Sie können diese herausfinden, indem Sie auf das achten, was der Kunde indirekt äußert. Dessen Auftreten (zum Beispiel Kleidung) und Umfeld (zum Beispiel Wohnung) ist ebenso informativ.

2.3   Werkzeuge der Bedürfnisanalyse

Ob es sich im konkreten Fall eher um rationale oder basale Bedürfnisse des Kunden handelt, Sie müssen diese systematisch analysieren. Die im Folgenden genannten Methoden sind die geeigneten Werkzeuge, um die Bedürfnisse Ihres Kunden erfolgreich zu diagnostizieren.

Aktives Zuhören

Es gibt grundsätzlich zwei Arten des Zuhörens: das „passive" und das „aktive" Zuhören. Beim passiven Zuhören hören Sie dem Kunden lediglich aufmerksam zu, ohne ihm hierbei eine Art Rückmeldung zu geben. Dieses passive Zuhören ist schon eine ganz gute Basis für die Analyse der Bedürfnisse Ihres Kunden. Allerdings können Sie mit aktivem Zuhören die Bedürfnisse und das Denken Ihres Kunden noch wesentlich besser erkennen. Bei diesem aktiven Zuhören geben Sie Ihrem Kunden – während Sie diesem zuhören – immer wieder

Zeichen, dass Sie ihm aufmerksam zuhören und seine Gedanken auch nachvollziehen können. So können Sie beispielsweise mit einem *„mhm"*, einem *„aha"*, einem *„ja"*, einem *„ich verstehe"* oder einem Kopfnicken Ihrem Kunden eine Rückmeldung geben. Mit dieser Rückmeldung signalisieren Sie Ihrem Kunden, dass Sie ihm aufmerksam folgen und ihn zudem in seinen Gedankengängen auch verstehen.

Gedanken des Kunden spiegeln

Es gibt die Möglichkeit, dieses aktive Zuhören noch weiter zu steigern, mittels eines Werkzeugs, das man in der Psychologie „Spiegeln" nennt. Bei diesem Spiegeln melden Sie Ihrem Kunden zwischendurch immer wieder ihr Verständnis zurück, indem Sie das von ihm zuvor Gesagte in Ihren eigenen Worten als eine Frage formulieren und sich dann von ihm bestätigen lassen, dass Sie ihn richtig verstanden haben.

Wenn Ihr Kunde beispielsweise sagt:

„ Mir ist es wichtig, dass die Installation einer Alarmanlage nicht soviel Schmutz und Lärm macht. Man will ja nicht wochenlang in einer Baustelle wohnen."

So könnten Sie seine Gedanken dann folgendermaßen spiegeln:

„Ja, ich verstehe. Ihnen ist es also wichtig, dass die Alarmanlage ohne viel Aufwand installierbar ist?"

Dann antwortet der Kunde eventuell:

„Ja genau. Am besten wäre es natürlich, wenn man gar keine neuen Kabel in die Wände legen müsste."

An diesem Beispiel sehen Sie auch gleich den großen Vorteil des Spiegelns. Oft fühlt sich der Kunde durch Ihr Nachfragen dazu animiert, noch weitere und tiefergehende Informationen preiszugeben, die für Ihre Produktpräsentation wichtig sein könnten. In unserem Beispiel hat der Verkäufer erfahren, dass der Kunde am liebsten eine Alarmanlage ohne neu zu verlegende Kabel hätte. Diese zusätzliche Information kann der Verkäufer sofort umsetzen und dem Kunden später eine kabellose Alarmanlage anbieten.

Fragen stellen

Schon Sokrates meinte: Wer fragt, der führt.
Auf das Verkaufen übertragen könnte man sagen:
Wer fragt, verkauft.
Tatsächlich kann eine Verdoppelung der Fragenanzahl im Verkaufsgespräch die Abschlussquote um ca. 18 Prozent erhöhen. Grundsätzlich gibt es zwei wesentliche Fragearten, die „geschlossenen" und die „offenen" Fragen".

Geschlossene Fragen

Hier ein Beispiel für eine geschlossene Frage:
„Möchten Sie eine infrarotgesteuerte Alarmanlage?"
Die geschlossenen Fragen zeichnen sich dadurch aus, dass man diese mit „Ja" oder „Nein" beantworten kann. Sie beginnen meist mit einem Verb oder einem Hilfsverb. Der Vorteil einer geschlossenen Frage ist, dass der Verkäufer genau und schnell zu dem ihn interessierenden Sachverhalt eine konkrete Antwort erhält. Allerdings muss er schon vorher wissen, was für den Kunden prinzipiell relevant ist. So weiß vielleicht der Kunde gar nicht, dass es infrarotgesteuerte Alarmanlagen gibt und die oben genannte geschlossene Frage verwirrt ihn mehr als dass sie ihn unterstützt.

Vor allem wenn Sie dann als anschließende Frage gleich wieder eine geschlossene Frage nachsetzen, wie beispielsweise:

„Möchten Sie dann eine funkgesteuerte Alarmanlage?"

Und hier liegt auch bereits der Nachteil der geschlossenen Fragen: Wenn der Verkäufer lediglich geschlossene Fragen zur Analyse der Kundenbedürfnisse verwendet, entspricht dies dem Versuch- und Irrtumprinzip des Spieles „Schiffe versenken". Und dabei kommen eben auch viele Fehlschüsse zustande. Außerdem können mehrere hintereinander gestellte geschlossene Fragen auf den Kunden wie ein Verhör wirken und dadurch die Beziehung zwischen dem Kunden und dem Verkäufer belasten. Bildlich dargestellt kann man die geschlossene Frage mit einer Punktstrahler-Lampe vergleichen, die sozusagen präzise eine von vielen möglichen Antwortecken ausleuchtet und die anderen vielleicht viel wichtigeren Ecken dabei leider im Dunkeln lässt. Bei der offenen Frage ist dies anders.

Offene Fragen

Hier ein Beispiel für eine offene Frage:

„Was wäre Ihnen denn an der Alarmanlage besonders wichtig?"

Die offene Frage beginnt mit einem W-Fragewort (zum Beispiel: Wer, Wann, Was, Wo, Wie, Weshalb) und kann nicht mit „Ja" oder „Nein" beantwortet werden. Die offene Frage regt daher den Kunden an, ausführlich zu antworten und all das dem Verkäufer mitzuteilen, was ihm relevant erscheint. Da der Kunde aufgefordert wird, ausführlich zu antworten und zu berichten, nennt man die offene Frage auch „öffnende Frage".

Wie eine Breitstrahler-Lampe zeigt sie alle möglichen auch unwichtigen Antwortecken. Wenn der Kunde auf die oben genannte offene Frage hin zum Beispiel erst einmal ausführlich erzählt, was beim letzten Einbruch in seiner Wohnung alles gestohlen wurde. Allerdings hat die offene Frage den großen Vorteil, dass der Kunde ausführlich seine Gedanken zur gewünschten Alarmanlage darstellt und Sie dadurch möglicherweise auch Dinge erfahren, nach denen Sie sich mit geschlossenen Fragen nie erkundigt hätten. Beispielsweise, wenn der Kunde uns aufgrund unserer offenen Frage sagt:

„Mir ist die absolute Zuverlässigkeit am wichtigsten, und der Preis spielt für mich daher eher eine untergeordnete Rolle".

Welcher Verkäufer würde dies denn mit folgender geschlossenen Frage so direkt erkunden wollen:

„Spielt der Preis für Sie eine untergeordnete Rolle?"

Vernachlässigen Sie nicht die Analyse der Bedürfnisse
Ihres Kunden. Beachten Sie hierbei Folgendes:
- *Sie müssen die Bedürfnisse des Kunden umfassend analysieren, damit Sie später dem individuellen Kunden das passende Produkt mit der passenden Argumentation präsentieren können.*
- *Achten Sie nicht nur auf die Bedürfnisse, die Ihnen der Kunde direkt nennt, sondern besonders auf seine Worte und sein Auftreten.*
- *Sie können die Bedürfnisse des Kunden sehr gut diagnostizieren, wenn Sie ihm aktiv zuhören, Ihr Verständnis zurückspiegeln und ihm öffnende Fragen (W-Fragen) stellen.*

3. Das Produkt präsentieren

Wissen Sie, wie und warum
Sie sich in die Lage Ihres Kunden
versetzen sollten?   *Seite 35*

Können Sie Ihr Produkt mit dem
Kunden flirten lassen?   *Seite 39*

Kennen Sie die Methoden, mit
denen Sie Ihr Produkt attraktiv
präsentieren können?   *Seite 42*

Nachdem Sie die Bedürfnisse Ihres Kunden gewissenhaft und systematisch analysiert und diagnostiziert haben, verfügen Sie über die notwendige Information für eine treffsichere Darstellung und Präsentation Ihrer Produkte oder Dienstleistungen. Das Grundziel dieser Präsentationsphase ist, beim Kunden für das präsentierte Produkt ein Wertbewusstsein aufzubauen. Dem Kunden soll bewusst werden, dass das von Ihnen vorgeschlagene Produkt genau seine – zuvor analysierten – Bedürfnisse erfüllt und dadurch einen Wert für ihn darstellt.

3.1   Kundenstandpunkt einnehmen

Der Kunde wird das von Ihnen angepriesene Produkt nur kaufen, wenn dies seine Bedürfnisse befriedigen kann. Daher müssen Sie Ihr Produkt aus der Perspektive Ihres Kunden begreifen und anpreisen. Verkaufen heißt, die Welt aus der Sicht des Kunden zu sehen und aus dieser Perspektive heraus zu argumentieren.

In den Kunden hineinversetzen
Bei der Analyse der Bedürfnisse Ihres Kunden haben Sie dessen Motive und Denkstruktur erkundet. Nun gilt es darauf einzugehen. Jeder Ihrer Kunden hat seine eigene Denkweise. Versetzen Sie sich in diese innere Logik, um ihre Produkte passend darzustellen.
Möglicherweise haben Sie bei Ihrem Kunden folgende Bedürfnisstruktur und innere Logik erkannt:
„Ich hätte gern ein modernes und luxuriöses Auto, weil ich damit erfolgreich wirke und angesehen bin."

Präsentieren Sie dann diesem prestigeorientierten Kunden ein Auto, welches genau diese Bedürfnisse befriedigen kann. Hierbei sollten Sie Ihrem Kunden das entsprechende Auto XY dann auch so darstellen, dass seine psycho-logischen Bedürfnisse genau erfüllt werden. In Ihrer Argumentation für das Auto XY können Sie dementsprechend hervorheben, dass dieses ein besonders exklusives Auto ist, welches nicht jeder hat und das daher einen gewissen Prestigewert in sich trägt.

Je stärker Sie Ihre Produkte gemäß der inneren Logik Ihres Kunden präsentieren, desto eher können Sie diesen davon überzeugen, dass Ihr Produkt seine Bedürfnisse haargenau erfüllt.

Nutzen verkaufen

Ihr Kunde ist primär nicht am Produkt an sich interessiert, sondern immer nur an dem Nutzen, den ihm das Produkt für sein Leben bieten kann. Ein Interessent für Alarmanlagen möchte von Ihnen nicht primär eine Alarmanlage, sondern er erwartet Sicherheit für sich und seine Familie. Wenn Sie ihm genau diese gewünschte Sicherheit durch ein magisches Fingerschnippen garantieren könnten, würde er auch dieses kaufen. Viele Verkäufer übersehen dies und überschütten den Kunden produktverliebt mit technischen Details und Produktdaten. Machen Sie sich bewusst, dass Ihr Kunde einen Nutzen und keine Produktmerkmale kaufen will. Verkaufen Sie Ihrem Kunden beispielsweise keine Bohrmaschine mit 1200 Umdrehungen pro Minute, einem Drehmoment von 20 Newtonmetern und doppelt gehärteten Zahnrädern aus Molybdänstahl, sondern verkaufen Sie ihm saubere Löcher in der Wand.

Übersetzen Sie Ihrem Kunden daher immer die Produktmerkmale in seinen Kundennutzen. Das gelingt Ihnen besonders leicht mit folgender Transferformel als Hilfestellung:

Produktmerkmal – Das bedeutet für Sie – Kundennutzen. Sie nennen ihm also ein Produktmerkmal, sagen ihm dann – natürlich nicht stereotyp – „das bedeutet für Sie" und nennen ihm dann seinen Kundennutzen.

Aussagen kundenorientiert formulieren

Nehmen Sie auch durch Ihre Wortwahl den Standpunkt Ihres Kunden ein. Verwenden Sie Ausdrücke und Formulierungen, die den Kunden in den Mittelpunkt stellen. Formulieren Sie daher Ihre Aussagen mit „Sie" statt mit „Ich".

Sagen Sie also nicht:

„Ich werde Ihnen einmal unsere Alarmanlagen zeigen. Dann kann ich Ihnen einen ersten Eindruck vermitteln."
Sagen Sie stattdessen:

„Hier sehen Sie unsere Alarmanlagen. Da schaffen Sie sich einen ersten Überblick".
Bei der ersten Formulierung stellt sich der Verkäufer selbst in den Mittelpunkt und setzt sich dadurch vor allem selbst in Szene. Bei der zweiten Formulierung steht dagegen der Kunde im Mittelpunkt und er spürt, dass es um ihn geht. Viele Verkäufer sind meist recht selbstbewusst und verwenden oft Formulierungen, die sehr „Ich-orientiert" sind. Achten Sie deswegen darauf, gegenüber Ihrem Kunden vermehrt auf ihn bezogene Formulierungen zu verwenden. Dies wird Ihnen sicher nicht nur trotz, sondern gerade aufgrund eines starken Selbstbewusstseins besonders gut gelingen.

Wortbrücken einsetzen

Die Verwendung von Wortbrücken ist eine besonders wirksame Methode, um sich in die Denkstruktur des Kunden einzubinden.

Verwenden Sie dazu die gleichen Ausdrücke und Formulierungen wie Ihr Kunde. Wenn dieser beispielsweise zuvor sagte, dass er sein Haus mit einer Alarmanlage gegen Diebe „verbarrikadieren" wolle, dann können Sie später durch die folgende - scheinbar beiläufige - Formulierung eine Wortbrücke zu ihm aufbauen: „ *Mit dieser Alarmanlage können Sie eine unüberwindbare Barrikade gegen Diebstahl errichten.* " Sie können auch ganze Bilder und Metaphern des Kunden als Wortbrücken verwenden.

Der Kunde führt an: „ *Ich will mein Haus zu einer Festung werden lassen.* "

Dann können Sie später formulieren:

„ *Diese Alarmanlage macht jedes Haus zu einem uneinnehmbaren Fort Knox* ".

Mit dieser Wortbrückentechnik können Sie Ihre Produkte direkt, nahtlos und in positiver Weise in die Denkstruktur und Gedankenbilder Ihres Kunden einfügen. Ihre Produkte passen dadurch wie ein Puzzleteil zu den Vorstellungen und Bedürfnissen Ihres Kunden.

 Ihr Kunde ist nicht am Produkt an sich interessiert, sondern nur am Nutzen, den ihm das Produkt liefern kann. Versetzen Sie sich daher in Ihren Kunden, und stellen Sie ihm Ihr Produkt gemäß seiner nutzenorientierten Denkstruktur (Psycho-Logik) dar.
Verwenden Sie hierbei statt verkäuferorientierter Ich-Aussagen eher kundenorientierte Sie-Aussagen.

3.2 Produkt attraktiv darstellen

Je positiver Sie Ihr Produkt dem Kunden gegenüber darstellen können, desto eher wird dieser sich auch dafür entscheiden. Folgende Methoden lassen Ihr Produkt besonders vorteilhaft und attraktiv erscheinen. Mit diesem Werkzeug können Sie Ihr Produkt mit Ihrem Kunden „flirten" und „anbandeln" lassen.

Das Alleinstellungsmerkmal

Stellen Sie gegenüber Ihrem Kunden das Merkmal Ihres Produkts in den Vordergrund, welches es von den Produkten Ihrer Mitbewerber unterscheidet. Zeigen Sie ihm, weshalb er gerade bei Ihnen kaufen sollte und nicht bei Ihrer Konkurrenz. Denn solange Sie den Kunden nicht davon überzeugt haben, dass Sie ihm etwas für ihn Wichtiges anbieten, was ihm die Konkurrenz nicht bieten kann, wird er nicht verstehen, warum er nicht eventuell doch bei der Konkurrenz kaufen soll.

Zum Beispiel können Sie einem sehr ängstlichen Kunden verdeutlichen, dass nur die von Ihnen produzierte Alarmanlage ausschließlich über einen Fingerabdrucksensor deaktiviert werden kann und dadurch als einzige absolut sicher ist. Dadurch wird Ihr Produkt für diesen Kunden einzigartig und bekommt einen konkurrenzlosen Stand im Markt. Ein solches Merkmal nennt man auch ein Alleinstellungsmerkmal (englisch: Unique Selling Proposition, USP). Durch USP schaffen Sie einen unüberwindbaren Vorsprung zur Konkurrenz und lassen diese hinter sich. Fast jedes Produkt hat solch ein USP, welchen das Konkurrenzprodukt nicht – oder zumindest nicht in diesem Maß – bieten kann. Man muss dieses USP nur identifizieren und gegenüber dem Kunden hervorheben.

Fünf Argumente für Ihr Produkt

Auch wenn Sie für Ihr Produkt sicherlich unzählige Argumente anführen könnten, so sollten Sie dies nicht tun. Beschränken Sie sich auf maximal fünf Argumente, denn das Aufnahmevermögen Ihres Kunden ist in einem Verkaufsgespräch schnell ausgeschöpft. Wenn Sie Ihrem Kunden mehr als fünf Argumente nennen, dann vergisst er das erste, wenn das sechste Argument genannt wird. Außerdem dürfen Sie den Kunden nicht so sehr mit Informationen zuschütten, dass ihm das Produkt dadurch zu kompliziert erscheint. Natürlich nehmen Sie die fünf Argumente aus Ihrem Argumente-Pool, die für die von Ihnen analysierte Psycho-Logik des Kunden die höchste Relevanz und Überzeugungs-kraft haben werden.

Sinnvolle Reihenfolge

Nennen Sie das beste Ihrer ausgewählten Argumente als letztes. Das zweitbeste Argument sollten Sie als erstes nennen. Und die restlichen Argumente reihen Sie dazwischen vom Schwächeren zum Besseren ansteigend auf. Das empfiehlt sich, weil einerseits das am Anfang Genannte besonders intensiv auf den Kunden wirkt (der sogenannte „Primacy-Effect") und andererseits insbe-sondere das Letztgenannte sogar noch intensiver auf den Kunden wirkt (der sogenannte „Recency-Effect"). Außerdem entsteht so eine permanente Steigerung in der Mitte der Argumentationslinie, die den Kunden zunehmend überzeugt.

Schwachstellen positiv darstellen

Alles im Leben hat zwei Seiten. Das gilt auch für Ihr Produkt. Selbst wenn dies nur so von Vorteilen strotzt, wird es auch ein oder zwei Aspekte haben, die weniger vorteilhaft sind. Versuchen Sie daher, diese Achillessehnen Ihres Produkts dem Kunden so darzustellen, dass diese sogar vorteilhaft erscheinen. Diese Methode nennt man Positivieren. Wenn Ihr Produkt zum Beispiel lange Lieferzeiten hat, dann sagen Sie dem Kunden:

„Zur Zeit ist unser XY so gefragt, dass man sogar längere Zeit warten muss, bis man eines bekommt."

Und schon ist die lange Lieferzeit in den Augen des Kunden primär kein Nachteil mehr, sondern eher ein Vorteil, da die enorme Nachfrage für dessen hohe Qualität spricht.

Wenn man nur lange genug überlegt, kann man tatsächlich fast jede Schwachstelle eines Produkts durch dieses Positivieren als Vorteil erscheinen lassen. Denn – wie gesagt – alles im Leben hat seine zwei Seiten.

Zahlen bildhaft ausdrücken

Wenn Sie gegenüber dem Kunden mit Zahlen argumentieren, sollten Sie diese bildhaft ausdrücken und dadurch greifbar machen. So schaffen Sie beim Kunden ein gut merkbares Bild, welches die Vorteile und den Nutzen Ihres Produkts in dessen Vorstellung verankern kann. Sie lassen damit den Kunden regelrecht mit seinen Ohren sehen.

Sagen Sie also nicht:

„Mit dieser neuen Heizung XY können Sie in einem Jahr ca. 2780 Liter Öl sparen."

Sagen Sie stattdessen:

„*Mit dieser neuen Heizung XY können Sie in einem Jahr einen halben Tank Heizöl einsparen.*"

Wenn Sie dennoch zusätzlich Zahlen nennen möchten, dann verwenden Sie genaue und nicht gerundete Zahlen. Diese krummen Zahlen wirken auf Ihren Kunden viel glaubwürdiger und überzeugender als glatte Zahlen.

Also nicht:

„*Mit dieser Heizung XY sparen Sie 30 Prozent Heizöl ein.*"

Sondern:

„*Mit dieser Heizung XY sparen Sie 30,4 Prozent Heizöl ein.*"

Heben Sie hervor, was Ihr Produkt den Konkurrenzprodukten voraus hat. Verwenden Sie gegenüber ihrem Kunden die fünf besten Argumente für Ihr Produkt und nennen Sie das beste Argument zum Schluss.
Versuchen Sie, Zahlen bildhaft auszudrücken und die Schwachstellen Ihres Produkts als Stärken darzustellen.

3.3 Werkzeuge der Produktpräsentation

Es gibt einige wirksame Werkzeuge, mithilfe derer Sie Ihr Produkt besonders überzeugend präsentieren können. Diese Techniken können sich außerdem auch sehr gut gegenseitig ergänzen und in ihrer Wirkung potenzieren. Auf den nächsten Seiten können Sie diese kennenlernen.

Pencil-Selling-Technik

Der Mensch nimmt 75 Prozent aller Informationen über die Augen auf. Nur 13 Prozent nimmt er über die Ohren wahr. Deshalb sollten Sie bei der Darstellung Ihres Produkts immer einen Stift (englisch: Pencil) parat haben, mit dem sie Ihrem Kunden Ihre wesentlichen Gedanken ergänzend visualisieren können. So könnte beispielsweise ein Verkäufer von Alarmanlagen dem Kunden den Erfassungsbereich des Rundum-Bewegungsmelders nicht nur erklären, sondern auch kurz skizzieren. Da Gehörtes in der rechten und Gesehenes in der linken Gehirnhälfte verarbeitet wird, können Sie dadurch beide Gehirnhälften Ihres Kunden aktivieren. Außerdem können Sie sicher sein, dass Sie Ihren Kunden garantiert auch über seine dominante Gehirnhälfte ansprechen, da Sie schließlich beide Hälften aktivieren. Durch das Pencil-Selling wirken Ihre Argumente beim Kunden länger und intensiver nach, als wenn sie diese nur verbal dargestellt hätten.

Visions-Technik

Konstruieren Sie beim Kunden schon vor seinem Kauf eine Vision, die ihn in einer Situation zeigt, in der er mit dem Produkt seine Wünsche erfüllt haben wird.

Als Verkäufer von Autos entwickeln Sie beispielsweise einem Kunden, der gern jugendlich sein möchte, folgende Vision:

„Wenn Sie diesen 8-Zylinder mit offenem Verdeck fahren, dann haben Sie das Gefühl, Sie fliegen durch die Landschaft. Und wenn Sie Gas geben, dreht der Motor hoch und Sie werden regelrecht in die Leder-Sitze gedrückt. ..."

Sprechen Sie hierbei in der Gegenwartsform und so, als ob der Kunde das Produkt schon gekauft hätte. Versuchen Sie auch, in der Vision alle Körpersinne (Sehen, Hören, Riechen, Schmecken und Tasten) anzusprechen. Durch diese Visions-Technik baut der Kunde ein angenehmes Bild vom Besitzen des Produkts auf.

Affenfaust-Technik

In einigen Regionen Afrikas fangen die Einwohner Affen, indem Sie eine Banane in ein enges Astloch legen. Der Affe greift die Banane, aber er kann seine Faust mit der Banane nicht zurückziehen, weil beides zusammen nicht durch das Astloch passt. Selbst wenn sich nun der Fänger dem Affen nähert, lässt der Affe die Banane nicht mehr los, kann daher nicht fliehen und wird dadurch gefangen.

Diese sogenannte Affenfaust-Technik kann man auch beim Verkaufen anwenden: Lassen Sie Ihren Kunden die Vorteile und den Nutzen Ihres Produktes schon einmal ausprobieren und fühlen. Lassen Sie ihn beispielsweise mit dem ihn interessierenden Cabrio ein Wochenende lang Probe fahren. Oder lassen Sie ihn mit der ihn interessierenden Bohrmaschine selbst ein Loch in eine Demonstrationswand bohren, damit er spüren kann, dass die Bohrmaschine in Beton wie „in Butter" bohrt.

Wenn der Kunde den Nutzen des Produktes schon erlebt hat, hat er – symbolisch gesprochen – die Banane in der Hand und kann diese nun nur noch schweren Herzens wieder hergeben. Denn es fällt schwerer, etwas Gutes wieder herzugeben, als es erst gar nicht zu nehmen.

Wert-Rahmungs-Technik

Zeigen Sie Ihr Produkt nicht nur einfach dem Kunden, sondern setzen Sie es regelrecht in Szene.

Legen Sie beispielsweise Ihr zu verkaufendes Handy nicht einfach lieblos auf den Tisch, sondern präsentieren Sie dies auf einer Samtdecke oder in einem Schmucketui. Durch diesen wertvollen Rahmen erscheint auch Ihr Produkt wertvoller Aus diesem Grund spricht man hierbei von der Wert-Rahmungs-Technik. Hierzu gehört auch, dass Sie das Produkt etwas erhöht präsentieren, das heißt dass Sie zum Beispiel eine Bohrmaschine nicht in Tischhöhe ausstellen, sondern in Augenhöhe. Da der Kunde dann nicht auf die Bohrmaschine „herabschaut", wirkt sie edler und wertvoller. Sie können Ihr Produkt auch überzeugender inszenieren, wenn Sie es dramatisch demonstrieren: werfen Sie ein unzerbrechliches Handy vor dem Kunden auf den Boden und lassen Sie ihn danach damit telefonieren.

Je vorteilhafter und kundenorientierter Sie Ihr Produkt dem Kunden präsentieren, desto eher wird er kaufen. Beachten Sie hierbei Folgendes:

- *Versetzen Sie sich in Ihren Kunden und verkaufen Sie ihm genau den individuellen Nutzen, nach dem dieser sucht und stellen Sie ihm Ihr Produkt als attraktiv und einzigartig dar.*
- *Verkaufen Sie nicht nur mit Worten, sondern auch mit Bildern und setzen Sie Ihr Produkt in Szene. Versetzen Sie zudem Ihren Kunden in eine Vision des Schon-Gekauft-Habens und lassen Sie ihn den Nutzen des Produkts vorab fühlen.*

4. Die Einwände des Kunden managen

Ist Ihnen bewusst, warum Sie sich über die Einwände Ihrer Kunden freuen sollten? Seite 47

Wissen Sie, wie Sie Einwänden gefasst entgegensehen können? Seite 49

Kennen Sie Methoden, wie Sie Einwände geschickt abfangen können? Seite 51

Ihr Kunde wird sicherlich einige Bedenken oder Einwände zu dem von Ihnen präsentierten Produkt haben. Je nachdem wie Sie mit diesen Einwänden umgehen, wird sich Ihr Kunde dann für oder gegen Ihr Produkt entscheiden. Die folgenden Gedanken werden Ihnen helfen, die Einwände des Kunden mit Bravour in Ihren Erfolg umzuwandeln.

4.1 Über Einwände freuen

Es gehört zum Wesen des Verkaufens, dass der Kunde Bedenken und Fragen hat, die den Kauf des angepriesenen Produkts zunächst in Frage stellen. Wäre dies nicht so, wäre der Verkäufer nur ein Produktverteiler. Der Umgang mit den Einwänden des Kunden ist somit ein zentraler Punkt im Verkaufsprozess.

Einwände gehören dazu
Sie dürfen keine Angst vor den Einwänden Ihres Kunden haben, und sollten diese auch nicht als Angriff interpretieren. Es gehört zu jeder Verkaufssituation, dass der Kunde erst einmal Einwände hat. Dies ist unabhängig von den individuellen Eigenheiten des Produkts, des Kunden oder des Verkäufers. Einwände sind der Verkaufssituation automatisch innewohnend und völlig normal. Dagegen sollten Sie eher skeptisch werden, wenn Ihr Kunde keine hat.

Einwände als Chance
Seien Sie sich dessen bewusst, dass die Einwände Ihres Kunden immer ein Anzeichen dafür sind, sein Interesse

am Produkt so stark geweckt zu haben, dass er die Mühe des Einwendens auf sich nimmt. Ein Kunde ohne Interesse am Produkt hat auch keine Lust auf Einwände – wofür auch? Dieser Kunde sagt meist: *„Ich überlege es mir noch einmal"* und kommt dann nie wieder. Somit ist jeder Einwand ein Ansatzpunkt, um einerseits die letzten Bedenken Ihres Kunden zu erkennen und diese dann andererseits restlos zu zerstreuen. Freuen Sie sich daher über Einwände, denn Sie können zurückgehaltene Einwände Ihres Kunden nicht zerstreuen, sondern nur jene, die Ihnen Ihr Kunde auch nennt.

Kritische Kunden sind Ihr Vorteil

Sie kennen sicherlich jene Kunden, die aus Prinzip besonders kritisch gegenüber Verkäufern und deren Produkten sind. Sie sollten an diesen Kunden nicht verzweifeln, sondern die besondere Chance erkennen. Denn solche kritischen Kunden sind nicht nur gegenüber Ihrem Produkt extrem skeptisch, sondern natürlich auch gegenüber den Produkten Ihrer Konkurrenz. Und wenn es Ihnen gelingen sollte, die Einwände eines solchen Skeptikers zu entkräften, dann haben Sie eine riesige Hürde überwunden, welche die Konkurrenz dann noch vor sich hat. Daher sind die Einwände des Kunden auch ein begrüßenswertes Mittel, den Vorsprung von guten Verkäufern gegenüber schlechten zu vergrößern.

Erschrecken Sie nicht vor Einwänden, denn Einwände gehören zu jedem Verkaufsprozess dazu. Sie sind immer eine Chance, den Kunden restlos zu überzeugen. Außerdem können Sie durch eine gute Einwandbehandlung auch Ihren Vorsprung zur Konkurrenz vergrößern.

4.2   Einwände gefasst abfangen

Der erste Schritt der Einwandbehandlung ist vollbracht, wenn Sie Einwände nicht als Gefahr, sondern als Chance interpretieren. Im zweiten Schritt gilt es, die Einwände mit Fingerspitzengefühl abzufangen.

Zeit und Argumente geben
Wenn Ihr Kunde erst einmal „Nein" zu Ihrem Produkt sagt, dann muss das nicht bedeuten, dass er dieses Produkt nicht kaufen will. Oft ist dieses „Nein" lediglich ein Zeichen dafür, dass ihm der Verkaufsprozess zu schnell geht. Geben Sie ihrem Kunden Zeit.

Oft ist ein erstes „Nein" auch ein Zeichen dafür, dass der Kunde noch weitere Kaufargumente vom Verkäufer hören möchte. „Aus dem Bauch heraus" hat er sich schon zum Kauf entschieden, möchte aber noch ein paar weitere rationale Kaufargumente überdenken können, damit ihm selbst die – eigentlich schon getroffene – Entscheidung leichter fällt. Mithilfe dieser zusätzlichen Argumente fällt es dem Kunden leichter, seine schon gefallene Kaufentscheidung später gegenüber sich selbst und seiner Umwelt zu rechtfertigen.

Interpretieren Sie daher ein erstes „Nein" des Kunden nicht als eine absolute Absage, sondern als einen subtilen Hilferuf nach etwas mehr Zeit oder weiteren Argumenten.

Argumente vorbereiten
Als erfahrener Verkäufer kennen Sie die Kritikpunkte, die der Kunde gegen Ihr Produkt einwenden könnte. Nutzen Sie dieses Wissen wie ein Schachspieler und

denken Sie einige Züge voraus. Überlegen Sie sich, wie Sie auf die zu erwartenden Einwände am besten antworten können. Und überlegen Sie, was Ihr Kunde daraufhin noch einwenden könnte und wie Sie dann wiederum darauf antworten sollten.

Durch dieses Vorplanen der Einwandbehandlung entsteht dann regelrecht eine Art Flussdiagramm beziehungsweise eine Tabelle mit potenziellen Einwänden und Antworten. Man nennt eine solche Tabelle eine Einwand-Entkräftungs-Matrix. Überlegen Sie also immer wieder einmal, was man gegen Ihr Produkt einwenden könnte.

Wenn Sie einer größeren Verkaufsmannschaft angehören, sollten Sie diese Einwand-Entkräftungs-Matrix regelmäßig im Rahmen eines Workshops gemeinsam erarbeiten und ergänzen.

Mit Einwänden partnerschaftlich umgehen

Zeigen Sie dem Kunden, dass Sie sein Partner sind, auch wenn er Sie beziehungsweise Ihr Produkt kritisch hinterfragt. Lassen Sie Ihren Kunden ausreden und hören Sie ihm aktiv zu. Unterbrechen Sie ihn auch dann nicht, wenn Sie sich absolut sicher sind zu wissen, welchen Einwand er gerade zu formulieren versucht. Wischen Sie die Einwände Ihres Kunden – auch wenn Sie dies könnten – nicht lächelnd weg. Dadurch würden Sie den Kunden mit seinen Gedanken und Bedenken in gewissem Sinne bloßstellen. Zeigen Sie Verständnis und Akzeptanz für alle Bedenken des Kunden, selbst wenn diese – beispielsweise aufgrund seines fehlenden Wissens – völlig unbegründet sind. Ein Grundprinzip ist es, nie mit dem Kunden über Argumente zu streiten.

Denn einen Streit mit dem Kunden gewinnt immer der verärgerte Kunde, indem er einfach nicht kauft. Halten Sie sich immer die gute und partnerschaftliche Beziehung zum Kunden als fundamentale Verkaufsbasis vor Augen. Es ist wichtiger, dem Kunden gegenüber als Partner aufzutreten, als immer Recht zu haben. Der Verkäufer, der offen und partnerschaftlich einen kleinen Nachteil seines Produkts eingesteht, hat letztendlich sicher bessere Verkaufschancen als jener Verkäufer, der rechthaberisch und belehrend alle Bedenken des Kunden zurückweist.

Einwände des Kunden sind meist kein endgültiges „Nein", sondern oft lediglich ein Zeichen dafür, dass der Kunde sich etwas mehr Zeit oder noch ein paar zusätzliche Kaufargumente wünscht. Geben Sie ihm dies. Bereiten Sie außerdem die erwartbaren Einwände vor, und gehen Sie partnerschaftlich und verständnisvoll mit den Einwänden Ihres Kunden um.

4.3 Werkzeuge der Einwandbehandlung

Für die Einwandbehandlung gibt es nützliche Techniken. Hier werden Werkzeuge dargestellt, die Ihnen helfen werden, die Einwände Ihrer Kunden zu meistern.

Bumerang-Technik
Die eleganteste Methode der Behandlung von Einwänden ist, den Einwand selbst zu einem Vorteil für das angepriesene Produkt werden zu lassen. Diese Methode

wird auch Gerade-Weil-Technik genannt, weil der Verkäufer den vorgeworfenen Einwand mit einem Gerade-Weil-Satz nicht nur entkräftet, sondern den im Einwand vorgeworfenen Sachverhalt sogar in ein Verkaufsargument umwandelt.

Wenn Ihr Kunde beispielsweise einwendet:

„Diese von Ihnen angebotene Bohrmaschine hat aber statt eines stabilen Metallgehäuses nur ein empfindliches Plastikgehäuse."

Dann können Sie entgegnen:

„Gerade weil wir hier diesen zähelastischen Spezialkunststoff verwenden, ist unsere Bohrmaschine BM 45 viel unempfindlicher gegen Schläge als mit einem Metallgehäuse. Außerdem ist die BM 45 dadurch nochmals 38 Prozent leichter. Dadurch können die Monteure Ihres Bauunternehmens diese Maschine sogar stundenlang einsetzen ohne zu ermüden."

Der Einwand kommt sozusagen wie ein Bumerang als Produktvorteil zum Kunden zurück. Versuchen Sie daher, die Einwände Ihres Kunden mit einem „Gerade-Weil" zu entkräften. Man kann viel mehr Einwände mit dieser eleganten Technik entkräften, als man auf den ersten Blick meint.

Judo-Prinzip

Karate funktioniert aufgrund des Prinzips „Angriff ist die beste Verteidigung". Deshalb schlägt man bei einem Angriff direkt zurück.

Bei Judo – der „sanften Kunst" – ist das anders:

Hier lässt man sich vom Angreifer erst einmal ein paar Schritte nach hinten drücken, bevor man dann elegant zur Seite geht und den Angreifer ins Leere laufen lässt.

Praktizieren Sie als Verkäufer bei den Einwänden Ihres Kunden das Judo-Prinzip statt des Karate-Prinzips.

Hier ein Beispiel: Ihr Kunde wendet ein:

„Mit diesem Plastikgehäuse ist die Bohrmaschine doch viel zu empfindlich."

Ein Karate-Verkäufer würde dann entgegnen:

„Das stimmt doch gar nicht. Das sehen Sie völlig falsch, denn........"

Ein Judo-Verkäufer entgegnet:

„Ich verstehe, dass Ihnen dieser Punkt wichtig ist, denn man will ja eine stabile und robuste Maschine haben. Und bei Kunststoff hat man da natürlich verständlicherweise erst einmal Bedenken. Aber gerade dieser zähelastische Spezial-Kunststoff ist besonders robust und stabil, denn........."

Während der Karate-Verkäufer gleich gegen den Einwand – und somit auch gegen den Kunden – reagiert, nimmt der Judo-Verkäufer den Einwand verständnisvoll und partnerschaftlich auf, federt ihn sanft ab und entkräftet diesen dann.

Durch dieses Judo-Prinzip zeigen Sie Ihrem Kunden, dass Sie ihn und seine Bedenken verstehen und ernst nehmen. Dadurch stärken Sie – obwohl Sie dann letztendlich doch inhaltlich widersprechen – die partnerschaftliche Beziehungsebene zwischen sich und dem Kunden. Somit ist Ihr Kunde offener für Ihre Gegenargumentation als bei einem Karate-Gegenangriff.

Prolepsis-et-Refutatio-Technik

Ein Möglichkeit, Einwände erst gar nicht entstehen zu lassen, ist die Prolepsis-et-Refutatio-Technik, die aus der klassischen Rhetorik kommt. Frei übersetzt könnte man diese Methode als „Vorlage-und-Entkräftungs-Technik" bezeichnen. Hierbei nennt der Verkäufer selbst schon während der Präsentation – scheinbar beiläufig – einen potenziellen Einwand gegen das Produkt, das heißt er legt den Einwand selbst vor und widerlegt diesen dann sogleich.

Der Verkäufer könnte beispielsweise sagen:

„Diese Bohrmaschine BM 45 hat einen äußerst robusten Motor und arbeitet sehr genau. Auf den ersten Blick könnte man meinen, dass ihr Kunststoffgehäuse weniger robust ist als ein mögliches Metallgehäuse, aber in dieser Hinsicht ist es genau umgekehrt. Denn dieser zähelastische Spezialkunststoff ist wesentlich haltbarer als ein vergleichbares Metallgehäuse. Außerdem..."

Noch bevor der Kunde selbst den Einwand formuliert oder – noch problematischer – sich diesen überlegt, ohne ihn dann tatsächlich zur Diskussion zu stellen, ist dieser vom Tisch.

Durch diese Prolepsis-et-Refutatio-Technik wirken Sie als Verkäufer natürlich auch äußerst partnerschaftlich, da Sie im Sinne des Kunden auf mögliche Nachteile Ihres Produktes hingewiesen haben. Außerdem können Sie mit dieser Methode den Konfrontationscharakter einer möglichen Abfolge von Einwand, Gegenargumentation und weiterem Hin und Her reduzieren.

Haben Sie keine Angst vor den Einwänden Ihres Kunden, sondern beachten Sie Folgendes:

- *Einwände gehören zum Verkauf dazu. Sie sind eine Chance, Ihren Kunden zu überzeugen.*
- *Gehen Sie die Einwände des Kunden mit partnerschaftlichem Verständnis und Fingerspitzengefühl an. Überlegen Sie sich vorher, welche Einwände kommen werden.*
- *Entkräften Sie zu erwartende Einwände vorwegnehmend selbst und fangen Sie die Einwände des Kunden sanft ab. Falls möglich sollten Sie mit der Gerade-Weil-Technik die Einwände zu Verkaufsargumenten werden lassen.*

5. Zum eigenen Preis stehen

Ist Ihnen bewusst, dass der Preis eigentlich völlig unwichtig ist?

Seite 57

Wissen Sie, wie Sie Ihren Preis attraktiv verpacken können?

Seite 58

Kennen Sie die Kniffe, mit denen Sie sicher zu Ihrem Preis stehen können?

Seite 63

Für viele Verkäufer ist die Preisargumentation die am meisten gefürchtete Phase des Verkaufsgesprächs. Wenn Sie die Preisargumentation aber systematisch vorbereiten und angehen, müssen Sie davor keine Scheu mehr haben. Die folgenden Hinweise werden Ihnen helfen, zu Ihrem Preis zu stehen.

5.1 Preis als Spiegelbild des Nutzens

Jedes Produkt hat seinen Preis und den zahlt kein Kunde gern. Wenn Sie aber Ihrem Kunden zeigen können, dass Ihr Produkt einen immensen Nutzen für ihn hat, wird der Preis dadurch – relativ gesehen – kleiner und letztendlich fast zur Nebensache.

Zwei widerstreitende Kundenbedürfnisse

Ihr Kunde möchte einerseits von dem Nutzen profitieren, den er durch den Kauf des Produktes bekommen würde. Andererseits gibt er natürlich auch ungern sein Geld aus. Der Preis erscheint ihm daher als eine Art Wermutstropfen des zu bekommenden Nutzens.

Ihr Kunde zahlt nie für ein Produkt an sich, sondern immer nur für den Nutzen, den ihm das Produkt ermöglicht. Diesen zu erwartenden Nutzen stellt der Kunde den Kosten, das heißt dem zu zahlenden Preis gegenüber und wägt beides gegeneinander ab. Bildlich gesprochen arbeitet Ihr Kunde mit einer symbolischen Waage: In der einen Waagschale liegt der Nutzen Ihres Produktes und in der anderen die Kosten, das heißt der zu zahlende Preis. Der Kunde wird nur dann Ihr Produkt kaufen, wenn die Nutzen-Seite schwerer wiegt als die Kosten-Seite, das heißt wenn der Verlust durch den Preis merklich niedriger erscheint als der Gewinn durch den Produktnutzen.

Nutzenseite anfüllen

Als Verkäufer ist es nun Ihre Aufgabe, dem Kunden zu zeigen, dass der Produktnutzen für ihn so wichtig ist, dass dieser den Wermutstropfen Preis aufwiegt beziehungsweise mehr als aufwiegt.

Für Sie als Verkäufer gibt es daher zwei prinzipielle Möglichkeiten, das Verhältnis von Kosten zu Nutzen für Ihren Kunden zugunsten des Nutzens zu verbessern:

Zum einen können Sie den Preis senken und dadurch die Waagschale des Nutzens – relativ gesehen – schwerer werden lassen. Dies ist die schlechtere Lösung, denn Sie möchten schließlich für Ihr Produkt auch einen angemessenen Preis erhalten. Zum anderen können Sie die Nutzen-Schale stärker füllen, damit diese dann schwerer wiegt als die Kosten-Seite. Das bedeutet für Sie als Verkäufer, dass Sie insbesondere durch sinnvolle Darstellung des Produktnutzens die Waagschale zugunsten einer Kaufentscheidung Ihres Kunden beeinflussen können. Die zu überwindende Mächtigkeit des Preises steht und fällt daher mit der Güte der vorhergegangenen Präsentation des Produktnutzens.

Subjektiver Produktnutzen

Wenn Ihr Kunde sagt, Ihr Produkt wäre zu teuer, dann müssen Sie dies nicht als ein endgültiges „Nein" interpretieren. Stattdessen sollten Sie dies lediglich als eine noch zu wenig gefüllte Nutzen-Schale der Kosten-

Nutzen-Waage erkennen. Aus einem endgültigen „Zu teuer" wird ein vorläufiges und herausforderndes „Noch zu teuer". Nun sind Sie gefordert, dem Kunden vertiefend die Eigenschaften Ihres Produkts so kunden- und nutzenorientiert zu vermitteln, dass die Waagschale des Nutzens schwerer wird.

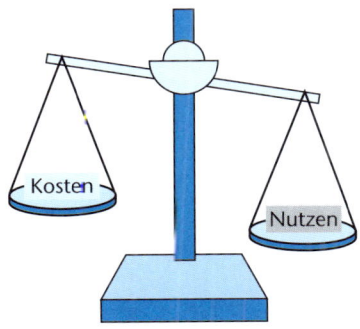

Symbolische Kosten-Nutzen-Waage

Wichtig ist hierbei, dass nicht der objektiv vorhandene Produktnutzen für Ihren Kunden den Ausschlag gibt. Stattdessen wird von Ihrem Kunden immer nur der von ihm subjektiv empfundene Produktnutzen in die Waagschale geworfen. Solange also Ihr Kunde subjektiv nicht erkennt, welche Vorteile ein Plastikgehäuse bei einer Bohrmaschine hat, wird er diesen objektiv vorhandenen Vorteil auch nicht in subjektiv empfundenen Nutzen übersetzen können. Daher wird er diesen Vorteil auch nicht zum Aufwiegen des Preises in Erwägung ziehen, das heißt er wird ihn auch nicht in die Nutzen-Waagschale werfen.

Auf der einen Seite möchte der Kunde das Produkt besitzen und auf der anderen Seite scheut er natürlich die Kosten, das heißt den Preis. Daher muss der Nutzen des Produkts den zu zahlenden Preis (mehr als) aufwiegen. Ihr Kunde wird Ihren Preis akzeptieren, sobald ihm der objektiv vorhandene Produktnutzen auch subjektiv bewusst ist.

5.2 Preis sinnvoll nennen

Eine gute Preisargumentation fängt schon damit an, dass Sie Ihrem Kunden den Preis auf eine sinnvolle Art und Weise nennen. Im Folgenden werden einige Richtlinien zur Nennung des Preises dargestellt.

Preis in Nutzen verpacken

Man nennt diese Methode auch Sandwich-Technik. Ein Sandwich hat oben und unten eine Brötchenhälfte und in der Mitte liegt der Belag. Würde man den Belag pur essen, wäre dieser sicherlich schwerer verdaulich. Wie bei einem Sandwich können Sie auch als Verkäufer den Preis Ihres Produkts dem Kunden leichter verdaulich präsentieren, indem Sie den Preis wie in einem Sandwich verpacken. Dazu nennen Sie vor und auch unmittelbar nach dem eigentlichen Preis wesentliche Vorteile und Nutzen, die das Produkt für den Kunden hätte. Damit servieren Sie dem Kunden den schwer verdaulichen Preis gewissermaßen zwischen zwei Nutzen-Brötchenhälften.

Hier ein Beispiel:

„Diese Bohrmaschine BM 45 bohrt aufgrund Ihrer drei

*Gänge in jedem erdenklichen Material höchst präzise
Löcher. Und wenn Sie nun 298 Euro in die BM 45 investieren, dann können Sie sicher sein, dass Sie aufgrund
ihrer Langlebigkeit auch noch in zehn Jahren so präzise
bohren können wie am ersten Tag."*

Bei diesem Beispiel wurde der Preis in zwei Nutzen-
vorteile verpackt. Ein weiterer Vorteil dieser Methode
liegt darin, dass man den Preis nicht einfach nur allein
nennt und dieser dann unkommentiert voluminös im
Raum schwebt und zu einem Damoklesschwert
anschwillt. Sondern der Preis wird – scheinbar wie
nebensächlich und selbstverständlich – in einen längeren
Satz verpackt. Und da dieser längere Satz zum Großteil
aus Produktnutzen besteht, wird der Preis auch leichter
vom Kunden „geschluckt" und angenommen.

Preis als Selbstverständlichkeit

Seien Sie sich als Verkäufer dessen bewusst, dass Ihr
Produkt – wörtlich und sinngemäß – „preis-wert" ist,
das heißt seinen Preis wert ist. Wenn Sie dies selbst an-
erkannt haben, dann können Sie Ihren Preis auch stolz
selbstverständlich gegenüber dem Kunden nennen.
Zeigen Sie deshalb bei der Nennung des Preises weder
mit Worten noch mit der Körpersprache Zeichen der
Scham oder Unsicherheit. Vermeiden Sie auch, sich für
den Preis gegenüber dem Kunden zu entschuldigen.
Machen Sie sich bewusst, dass Ihr Kunde von Ihnen ein
gutes Produkt (und dessen Nutzen) für sein Geld
bekommt. Sie beide sind gleichberechtigte Partner.
Daher können Sie Ihrem Kunden bei der Nennung des
Preises offen und sicher in die Augen blicken und den
Preis ganz selbstverständlich nennen.

Preisbarrieren umgehen

Versuchen Sie, Ihren Preis unterhalb der psychologischen Barrieren anzusetzen. Ein Produkt, das 498 Euro kostet wirkt eben viel preiswerter als das gleiche Produkt für 500 Euro. Obwohl wahrscheinlich jeder Ihrer Kunden diese Methode kennt und auch erkennt, wirkt diese dennoch. Sie können die Abgegriffenheit dieser Methode dadurch etwas kaschieren, indem Sie nicht gerade die häufigen 99er-Preise verwenden, sondern etwas ungewöhnlichere Preise einsetzen: also eher 485 Euro statt 499 Euro.

Sie können noch eine weitere psychologische Barriere vermeiden, indem Sie das nicht alltägliche Wort „Tausend" im Preis vermeiden. Ein Preis von „Zwölfhundertundfünfzig" Euro wirkt nicht ganz so hoch wie „Eintausendzweihundertundfünfzig" Euro. Dieser Effekt entsteht, da man gewohnt ist, fast täglich Hundert-Euro-Scheine auszugeben, während man bei einem „Tausender" schon eher eine Gänsehaut bekommt.

Preis stückeln

Nennen Sie nicht gleich den größtmöglichen Gesamtpreis, sondern versuchen Sie den Preis zu stückeln. Wenn Sie beispielsweise Schrauben in 500er-Gebinden verkaufen, dann sagen Sie besser, dass eine Schraube 52 Cents kostet, anstatt dass das Gebinde 260 Euro kostet. Genauso können Sie bei komplexen Produkten zuerst den Preis für das Grundmodell in der Standardausführung nennen, bevor Sie die Preise für die Zusatzleistungen später ergänzen. So wirkt beispielsweise ein Grundmodell eines Autos für 19 800 Euro noch recht erschwinglich. Wenn man als Kunde aber gleich 31 800

Euro für die gewünschte Luxusausführung genannt bekommt, dann kann dies vom Kauf schon eher abschrecken. Grundprinzip ist es, dass der Kunde innerlich den Kaufentschluss oft schon endgültig fällt, nachdem er den gestückelten Preis gehört und als sinnvoll akzeptiert hat. Die Hürde, sich für Extras oder größere Gebinde „nachzuentscheiden" ist dann nicht mehr so groß, nachdem der grundlegende Kaufentschluss erst einmal gefallen ist.

Verpacken Sie den Preis in den Produktnutzen und nennen Sie den Preis selbstverständlich, stolz und ohne Scham. Stückeln Sie diesen in kleinere Einheiten oder in den Betrag für ein Grundmodell und zusätzliche Extras. Umgehen Sie die psychologischen Preisbarrieren, indem Sie knapp unterhalb der runden Zahlen bleiben.

5.3 Werkzeuge der Preisargumentation

Für die Phase der Preisargumentation gibt es ein paar sehr nützliche Werkzeuge. Im Folgenden werden die griffigsten Werkzeuge dargestellt, die Ihnen helfen werden, Ihren Preis durchzusetzen.

Relativierungs-Technik

Sie können den Preis, der Ihrem Kunden im ersten Moment vielleicht als zu hoch erscheint, relativieren, indem Sie diesen in anderen Bezugsgrößen ausdrücken. So wirkt beispielsweise die Alarmanlage Secura XS dann recht teuer, wenn Sie diese für 5 370 Euro anbieten. Sie können die Alarmanlage aber auch folgendermaßen anbieten:

„Die Alarmanlage Secura XS können Sie schon für 5370 einsetzen. Bei einer durchschnittlichen Nutzungsdauer von 15 Jahren müssen Sie daher nur 98 Cent am Tag für die Sicherheit Ihres Hauses investieren. Das heißt, dass Sie für eine Investition von nur 98 Cent sich und Ihrer Familie ein sicheres Domizil garantieren können."

Sie kommen bei dieser Methode zwar nicht darum herum, den absoluten Preis irgendwann nennen zu müssen, aber durch die Relativierung der Kosten auf den einzelnen Tag bezogen können Sie den absoluten Preis in einem gewissen Sinn „klein" rechnen. Dies funktioniert vor allem dann sehr gut, wenn Sie dem relativierten Preis den abstrakten ideellen Produktnutzen gegenüberstellen, wie hier im Beispiel die Sicherheit der Familie.

Wendepunkt-Technik

Diese Methode ist vor allem sinnvoll, wenn man den Preis des eigenen Produkts gegenüber einem geringeren Preis eines Produktes der Konkurrenz legitimieren muss. Sie müssen hierbei den Kunden davon überzeugen, dass sich die momentane Mehrinvestition in Ihr Produkt langfristig auszahlen wird. Die Grundidee hierbei ist folgende: Alles im Leben hat zwei Seiten und daher muss ein Produkt, das einerseits weniger kostet, andererseits irgendwo auch weniger Nutzen bieten. Verdeutlichen Sie ihrem Kunden, dass er sich beim Kauf eines „billigeren" Konkurrenzprodukts zwar im ersten Moment über den etwas geringeren Preis freuen wird, dass sich dies aber bald ändern wird.

An diesem Wendepunkt wird die Freude über die momentane Geldersparnis einer allmählich immer größer werdenden Reue über den doch geringeren Produktnutzen weichen. Und da dieser den zentralen Wert eines Produkts darstellt, ist die Freude über die kurzfristige Geldersparnis bald verpufft. Langfristig gesehen bleibt beim Kunden dann nur noch die Reue zurück, am falschen Ende gespart zu haben. Dieses Wendepunkt-Prinzip gilt es dem Kunden zu verdeutlichen. Ihr Kunde muss verstehen, dass billige Produkte nach dem Kauf erst richtig teuer werden, dass das Schnäppchen von heute der Ärger von morgen sein wird, und dass der Preis langfristig gesehen eigentlich eine absolute Nebensache ist.

Technik des bedingten Preisnachlasses
Einen Preisnachlass sollten Sie erst dann in Erwägung ziehen, wenn der Kunde durch die anderen Techniken und Methoden nicht überzeugt worden ist.
Das Grundprinzip beim Preisnachlass ist folgendes:
Der Kunde darf nicht das Gefühl bekommen, ohne eine Gegenleistung seinerseits einen niedrigeren Preis zugestanden bekommen zu haben. Denn sonst wirkt Ihr ursprünglicher Preis wie ein aufgeblasener Phantasiepreis und der Kunde hat das Gefühl, dass er das Produkt sicher noch billiger hätte bekommen können. Dadurch würden Ihr Produkt, Ihre Firma und auch Sie als Verkäufer an Glaubwürdigkeit verlieren.
Verlangen Sie deshalb von Ihrem Kunden eine – zumindest symbolische – Gegenleistung für den Preisnachlass: zum Beispiel eine größere Bestellmenge, eine Barzahlung oder die Erstellung einer Referenz.

Vielleicht haben Sie hierzu noch weitere gute Ideen parat. Überlegen Sie genau. Durch diese Gegenleistung hat Ihr Kunde dann nämlich das Gefühl einer harten aber partnerschaftlichen Preisverhandlung, in der er sich den Preisnachlass erkämpfen musste und nicht einfach geschenkt bekam.

Einen Preisnachlass sollten Sie daher auch nie von sich aus anbieten, sondern immer erst dann darüber sprechen, wenn Ihr Kunde ausdrücklich danach fragt. Sie sollten Ihren Preisnachlass auch nicht in schönen runden Zahlen anbieten, sondern in krummen Zahlen, sonst wirkt Ihr Nachlass wie ein Preis-Dumping.

Durch diese Technik des bedingten Preisnachlasses, die besprochene Wendepunkt-Technik und die Relativierungs-Technik wird es Ihnen leicht möglich sein, erfolgreiche Preisverhandlungen zu führen. Auch der Kunde wird dann am Ende zufrieden sein und gern immer wieder auf Sie zu kommen. Dieser Umstand ist doch für beide Seiten angenehmer. Außerdem kann so eine langfristige Kundenbindung entstehen.

*Sie brauchen die Preisargumentation nicht zu
befürchten wenn Sie folgende Tipps beachten:*

- *Der Kunde wird Ihr Produkt dann kaufen, wenn
  Sie ihm verdeutlichen können, dass der Produktnutzen den zu zahlenden Preis aufwiegt.*
- *Nennen Sie stolz und ohne Scham den Preis Ihres
  Produkts.*
- *Relativieren Sie den Preis indem Sie ihn anhand
  anderer Bezugsgrößen klein rechnen. Zeigen
  Sie zudem Ihrem Kunden, dass der Preis langfristig gesehen eine Nebensache ist. Geben Sie
  einen Preisnachlass nicht zu früh und nicht ohne
  eine – wenn auch symbolische – Gegenleistung
  des Kunden.*

6. Zum Abschluss kommen

*Wissen Sie, wie Sie sich verhalten
sollen, wenn momentan
(noch) kein Abschluss möglich ist?*
Seite 70

*Kennen Sie die Methoden, mit
denen Sie sicher zum Abschluss
kommen?* *Seite 72*

*Ist Ihnen bewusst, inwiefern
Ihr Verkaufserfolg von Ihrer
Einstellung abhängt?* *Seite 74*

Der Abschluss wird von vielen Verkäufern gefürchtet. Obwohl viele Verkäufer sehr gute Vorarbeit leisten, vermeiden Sie es, den Kunden systematisch und selbstsicher zum Abschluss hinzuleiten. Ohne Abschluss bleibt die gesamte Vorarbeit aber fruchtlos, denn ohne Abschluss kommt auch kein Verkauf zustande. Und da die Profession des Verkäufers – wie es der Name schon sagt – das Verkaufen ist, ist der Abschluss der Zielpunkt des Verkaufens. Die folgenden Hinweise helfen Ihnen, abschlusssicher verkaufen zu können

6.1 Abschluss als entscheidender Punkt

In der Abschlussphase zeigt sich, ob Ihre bisherigen Verkaufsbemühungen zum Erfolg führen. Manchmal führen Ihre Bemühungen nicht gleich oder gar nicht zum Erfolg. Hier einige Tipps wie Sie den Abschluss und auch Absagen managen können.

Zum Abschluss hinleiten
Der Abschluss stellt das Happy End des Verkaufsprozesses dar, denn durch diesen werden Ihr Kunde (durch den Produktnutzen) und auch Sie (durch den Preis) für Ihre beidseitigen Bemühungen belohnt. Der Abschluss ist daher Ziel- und Angelpunkt Ihrer Verkaufsanstrengungen. Im Abschluss sollen Sie die passive Kaufbereitschaft des Kunden in einen aktiven Kauf verwandeln. Dies wird Ihnen um so besser gelingen, je perfekter Sie die vorherigen Gesprächsphasen gemeistert haben. Wichtig ist hierbei einerseits, dass Sie nicht immer weiter argumentieren, obwohl Ihr

Kunde schon längst kaufen will. Andererseits sollten Sie den Kunden auch nicht zum Abschluss drängen. Schlagen Sie den Mittelweg zwischen diesen beiden Extremen ein.

Stellen Sie den Abschluss gegenüber dem Kunden auch als etwas Selbstverständliches dar, zeigen Sie keine übermäßige Begeisterung, wenn der Kunde endlich „Ja" gesagt hat. Genauso wenig sollten Sie natürlich nach dem Abschluss ein schlechtes Gewissen zeigen oder sich irgendwie entschuldigen. Sie sind der Partner des Kunden, und Ihr Kunde bekommt einen guten Produktnutzen für gutes Geld. Nicht mehr, aber auch nicht weniger.

Noch kein Abschluss möglich?

Oft kann oder will sich der Kunde nicht gleich zu einem Kauf entschließen. Dies müssen Sie verstehen und ihm auch partnerschaftlich zugestehen. Fragen Sie ihn einfach nach seinen Bedenken, denn dann können Sie bezüglich dieser Problempunkte nochmals gezielt argumentieren und seine Bedenken zerstreuen. Falls der Kunde dennoch eine längere Bedenkzeit braucht, dann gehen Sie folgendermaßen vor: Fassen Sie abschließend nochmals das bisherige Gespräch zusammen. Überlassen Sie Ihrem Kunden ein – für diese Fälle vorbereitetes – schriftliches Hand-out, in welchem die wesentlichen Produktnutzen nochmals zusammengefasst sind. Vereinbaren Sie abschließend einen konkreten Termin, an dem Sie den Kunden wieder kontaktieren. Verlassen Sie sich hierbei aber nicht auf Versprechungen des Kunden, sich bei Ihnen zu melden, sondern melden Sie sich selbst beim Kunden. Fassen Sie dann wie vereinbart beim Kunden nach und versuchen Sie, seine noch offenen Fragen zu klären und ihm nochmals den Produktnutzen zu verdeutlichen. Sie dürfen, können und sollen so oft nachfragen, bis der Kunde endgültig und klar „Nein" zu Ihrem Produkt gesagt hat.

Kein Abschluss

Es wird auch manchmal vorkommen, dass sich Ihr Kunde nun leider doch endgültig für einen Ihrer Konkurrenten entscheidet

In diesem Fall ist es besonders wichtig, dass man sich so vom Kunden verabschiedet, dass man dort – für zukünftige Aufträge – immer wieder gern gesehen wird. Dazu gehört, dass Sie Ihrem Kunden als guter Verlierer gegenübertreten und die bisher aufgebaute gute Beziehung zwischen sich und dem Kunden auf keinen Fall durch Äußerungen oder Handlungen ins Wanken bringen. Seien Sie daher bei einer Absage nicht beleidigt und fangen Sie auch nicht an, erneut für Ihr Produkt zu argumentieren oder die Entscheidung des Kunden oder Ihren Konkurrenten schlecht zu machen. Je freundlicher, verständnisvoller und partnerschaftlicher Sie trotz einer Absage gegenüber Ihrem Kunden auftreten, desto mehr steigen Ihre Chancen für zukünftige Aufträge.

Wenn Sie gute Vorarbeit geleistet haben, dann kann und sollte der Abschluss für Sie selbstverständlich sein. Fassen Sie nach, wenn Ihr Kunde sich nicht gleich entscheiden kann – und zwar bis er sich entschieden hat. Seien Sie ein guter Verlierer, falls der Kunde Ihnen absagt, und verlassen Sie Ihren Kunden so, dass Sie dort für zukünftige Aufträge immer wieder gern gesehen sind.

6.2 Werkzeuge für den Abschluss

Für die Abschlussphase gibt es einige effektive Handwerkzeuge, die Ihnen helfen werden, zum Abschluss zu kommen. Diese werden im Folgenden dargestellt.

Abschlusssignal-Technik
Wenn Sie genau auf die sprachlichen und körpersprachlichen Äußerungen Ihres Kunden achten, dann werden Sie bei einem kaufbereiten Kunden Signale erkennen, die Ihnen zeigen, dass Ihr Kunde bereit ist, Ihr Produkt zu kaufen.
Oft öffnet sich der Kunde körpersprachlich und kommt Ihnen mit dem Oberkörper entgegen oder durchbricht sogar von sich aus die Distanzzone. Manchmal nimmt er einfach das Produkt – oft sogar liebevoll – in die Hände und stellt Ihnen Fragen, die nur im Falle eines Kaufes relevant wären, wie zum Beispiel nach Lieferzeiten, Zahlungsbedingungen und Zubehör. Manchmal gibt der Kunde auch zustimmende Äußerungen zum Produkt von sich, wie beispielsweise: „Das klingt wirklich nicht schlecht." Oder der Kunde nennt selbst von sich aus weitere Vorteile, die das Produkt für ihn hätte. Bei einem Ehepaar als Kaufinteressenten bemerkt man meist, dass beide sich plötzlich gegenseitig aufmerksamer beobachten um beim anderen selbst ein bestätigendes Zustimmungszeichen zu erkennen. Alle diese Zeichen sind zwar kein absoluter Garant dafür, dass der Kunde Ihr Produkt tatsächlich kauft, aber doch ganz gute Wegweiser, die Ihnen zeigen, wann die Zeit für den Abschluss gekommen ist und Sie besonders aufmerksam sein sollten.

Ja-Wellen-Technik

Sie haben die Möglichkeit, den Kunden in einen Sog zu versetzen, in dem es ihm dann sehr leicht fällt zum Abschluss „Ja" zu sagen. Stellen Sie dazu Ihrem Kunden vor der entscheidenden Abschlussfrage vier Fragen, die er sicherlich mit „Ja" beantworten wird. Bei welchen Fragen dies der Fall sein wird, erkunden Sie in den vorherigen Gesprächsphasen. Bei der fünften und entscheidenden Abschlussfrage wird ihr Kunde dann mit sehr hoher Wahrscheinlichkeit auch mit „Ja" antworten. Hier ist ein beispielhafter Ablauf einer solchen Ja-Welle:

1. „Sie legen Wert darauf, dass Sie und Ihre Familie die Alarmanlage einfach und zuverlässig bedienen können?" > „Ja."

2. „Ihnen ist es auch wichtig, dass Sie die Alarmanlage bei Bedarf erweitern und updaten können?" > „Ja."

3. „Es ist Ihnen dabei wichtig, dass die Alarmanlage von keinem Einbrecher geknackt werden kann?" > „Ja."

4. „Ihnen ist also insgesamt eine höchst zuverlässige Alarmanlage wichtig?" > „Ja."

5. „Dann wäre unsere Secura 65 doch genau richtig für Sie. Wollen Sie die Secura 65 haben?" > „Ja."

Und bei dieser letzten Frage kommt – genauso wie bei den ersten vier Fragen - nun meist das entscheidende „Abschluss-Ja" – die Zustimmung des Kunden.

Durch diese Ja-Fragen-Welle wird Ihr Kunde in einen Zustimmungssog gerissen, der ihn zu dem entscheidenden „Ja" veranlasst.

Alternativ-Technik

Hier geben Sie dem Kunden durch eine Frage zwei Alternativen zur Entscheidung vor. Ein Beispiel:

„Möchten Sie die Alarmanlage mit der herkömmlichen Drahtsteuerung oder mit der neuen Funksteuerung?"
Mit dieser Alternativfrage stellen Sie gar nicht mehr zur Diskussion, ob der Kunde überhaupt kaufen möchte, sondern Sie fragen nur noch nach Einzelheiten des Kaufes. Tatsächlich können Sie durch diese Technik oft eine Entscheidung des Kunden einleiten und dadurch einen endgültigen Abschluss herbeiführen.

Noch ein kleiner Tipp: Diejenige Alternative, die Sie als letzte nennen, wird vom Kunden meist gewählt. Probieren Sie es aus.

Achten Sie auf die Abschlusssignale Ihres Kunden, die Ihnen zeigen, dass er zum Kauf bereit ist. Wenn Sie zudem noch die Ja-Wellen-Technik und die Alternativ-Technik einsetzen, dann können Sie mit hoher Wahrscheinlichkeit zum Abschluss kommen.

6.3 Selbstbild bestimmt Abschlussquote

Sie werden dann viele Abschlüsse erreichen, wenn Sie sich und Ihre Tätigkeit des Verkaufens annehmen. Dann können Sie sicher und selbstbewusst auftreten. Dazu gehört einerseits ein gewisser Stolz auf Ihre Verkaufstätigkeit, andererseits auch der Wunsch, immer weiter an sich zu arbeiten.

Leben ist Verkaufen
Verkaufen ist nichts Exotisches. Das ganze Leben ist ein permanentes Verkaufen und wir alle sind Verkäufer.

Unabhängig davon, ob Sie sich bei einer Firma um eine Stelle bewerben, ob Sie einen Lebenspartner suchen, ob Sie bei Ihrer Arbeitstelle von Ihren Konzepten überzeugen wollen, oder ob Sie Ihre Familie von einem Urlaub am Meer überzeugen möchten. Jedes Mal müssen Sie sich selbst, Ihre Gedanken oder Ideen – auch gegenüber Einwänden – so überzeugend darstellen, dass Ihnen die anderen Menschen zustimmen. Auch hier müssen Sie Ihren Mitmenschen den Nutzen Ihrer Person oder Gedanken „verkaufen" und diese davon überzeugen, dass Sie das Bestmögliche für sie zu bieten haben. Daher macht ein Verkäufer nichts Ungewöhnliches, sondern perfektioniert den Prozess, den alle Menschen tagtäglich durchleben.

Wenn Ihnen dies bewusst ist, werden Sie mit Stolz und Selbstsicherheit gegenüber dem Kunden auftreten.

Verkaufen als helfender Beruf

Ein Verkäufer löst die Probleme anderer Menschen. Es spielt keine Rolle, ob jemand das Problem hat, keine Löcher in der Wand zu haben oder in einem unsicheren Haus zu wohnen – durch Ihr Handeln als Verkäufer bekommen andere Menschen das, was sie zur Lösung ihrer Probleme brauchen, also beispielsweise eine Bohrmaschine oder eine Alarmanlage. Ein Autoverkäufer hilft den Menschen, von A nach B zu kommen. Ein Versicherungsverkäufer verhilft dazu sorglos leben zu können. Ein Immobilienverkäufer ermöglicht es, ein Zuhause zu schaffen. Somit ist der Beruf des Verkäufers ein helfender Beruf. Seien Sie sich dessen bewusst und stolz darauf. Dann wird es Ihnen auch nicht schwerfallen, den Kunden zum Abschluss zu bewegen.

Nicht entmutigen lassen

Sie werden als Verkäufer sicher hin und wieder auch Fehlschläge erleben. Lassen Sie sich dadurch nicht entmutigen. Sehen Sie einfach jeden Fehlschlag und jede Absage eines Kunden als eine Chance für die Optimierung Ihrer Kompetenzen als Verkäufer.

Bei jedem Misserfolg können und sollten Sie selbstkritisch darüber nachdenken, was zu diesem Misserfolg geführt hat. Durch diese Selbstreflektion wird jeder Misserfolg zu einer Chance für zukünftige bessere Leistungen. Sehen Sie daher Misserfolge nicht als etwas Negatives an, sondern als Weiche zu noch besseren Leistungen in der Zukunft. Die analysierten Misserfolge werden dadurch zum Sprungbrett für Ihren langfristigen Erfolg und für immer mehr Abschlüsse.

Der Abschluss ist die Krönung Ihrer Verkaufsbemühungen, deren Gelingen von der Qualität Ihrer Vorarbeit abhängt. Beachten Sie hierbei Folgendes:

- *Der Abschluss sollte für Sie selbstverständlich sein. Bleiben Sie dennoch verständnisvoller Partner des Kunden und üben Sie keinen Druck aus.*
- *Je positiver Ihr Bild von sich als Verkäufer ist, desto selbstbewusster kommen Sie auch zum Abschluss.*
- *Sehen Sie Ihren Beruf als einen ganz zentralen und helfenden Beruf an und arbeiten Sie permanent an der Weiterentwicklung Ihrer Verkaufskompetenzen.*

Weiterführende Literatur

- Davis, Ken: Wie Kunden zu Freunden werden – Die Erfolgsstrategie für den optimalen Verkäufer. Düsseldorf: Metropolitan Verlag, 1997
- Ederer, Günter/Seiwert, Lothar J.: Der Kunde ist König – Das 1 x 1 der Kundenorientierung. Offenbach: Gabal Verlag, 3. Auflage 2001
- Girard, Joe/Brown, Stanley H.: Ein Leben für den Verkauf – Erfolgrezepte für alle Branchen. Wiesbaden: Gabler Verlag, 2000
- Hopkins, Tom: Einfach verkaufen – Der Intensivkurs für den Profi und alle, die es werden wollen. Zürich: Oesch Verlag, 1995
- Hopkins, Tom: Erfolgreich Verkaufen für Dummies. Bonn: International Thomson Publishing, 1997
- Levinson, Jay Conrad/Godin Seth: Das Guerilla Marketing Handbuch – Werbung und Verkauf von A–Z. Frankfurt/Main: Campus Verlag, 1996
- Ruhleder, Rolf: Einfach besser verkaufen – Das Intensiv-Training für mehr Verkaufserfolg. Landsberg: Verlag Moderne Industrie, 2000
- Ruhleder, Rolf: Verkaufen Klassik – Kunden begeistern und überzeugen. Offenbach: Gabal Verlag, 2001.
- Talkenberger, Peter P. u.a.: Der Verkaufsabschluß – Abschlußgeheimnisse von Spitzenverkäufern. Hünstett: Möwe Verlag, 1991
- Tracy, Brian: Verkaufsstrategien für Gewinner – Was erfolgreiche Verkäufer besser machen. Wiesbaden: Gabler Verlag, 1996
- Ziegler, Gerhard/Bertling, Axel J.: Verkaufs-Genies. Idstein: FFF-Verlag, 1997

Register

Zu diesem Themenkreis
sind bereits erschienen:

Jane Smith:

30 Minuten für die richtige Entscheidung

ISBN 3-930799-82-0

L. Seiwert/H. Müller A. Labaek-Noeller:

30 Minuten Zeitmanagement für Chaoten

ISBN 3-89749-040-4

John Caunt:

30 Minuten zur Bewältigung der Informationsflut

ISBN 3-89749-041-2

Jörg Löhr:

30 Minuten für mehr Erfolg

ISBN 3-89749-127-3

Helmut Schlicksupp:

30 Minuten für mehr Kreativität

ISBN 3-89749-033-1

Fragen Sie in Ihrer Buchhandlung nach weiteren Bänden dieser Reihe, oder fordern Sie einen Verlagsprospekt an:

GABAL VERLAG
Postfach 200252, 63077 Offenbach
Tel.: 069/830066-46; Fax: 069/830066-66
E-Mail: info@gabal-verlag.de
www.gabal-verlag.de